家們的中國

我们的中国

李 零

生活·讀書·新知 三联书店

Copyright © 2016 by SDX Joint Publishing Company.
All Rights Reserved.

本作品版权由生活·读书·新知三联书店所有。
未经许可，不得翻印。

图书在版编目（CIP）数据

我们的中国 / 李零著. —北京：生活·读书·新知三联书店，2016.6 （2024.5 重印）
ISBN 978 − 7 − 108 − 05557 − 6

Ⅰ.①我… Ⅱ.①李… Ⅲ.①人文地理学 − 中国 Ⅳ.① K901

中国版本图书馆 CIP 数据核字（2015）第 239395 号

李零(左三)和乡亲,武乡故城大云寺(赵刚 摄)

——— 第 三 编 ———

大 地 文 章

行 走 与 阅 读

目次

- 1 　自序

- 5 　说中国山水——以太行八陉为例

- 33 　上党，我的天堂
- 45 　上党从来天下脊——晋东南访古记
- 81 　上党访古记
- 113 　西伯戡黎的再认识——读清华楚简《耆夜》篇

- 135 　武乡访古记
- 145 　梁侯寺考——兼说涅河两岸的石窟和寺庙

- 179 　滹沱考
- 187 　再说滹沱——赵惠文王迁中山王于肤施考

- 197 　陕北笔记（上）——读《汉书·地理志》上郡
- 217 　陕北笔记（下）——读《汉书·地理志》西河郡

- 233 　雍州日记

自 序

现在，我们都住在水泥楼群中，家的概念已发生很大变化。山西人说的"家"，不仅是父母兄弟姐妹，也指他们住的房子。

我的父母来自乡土社会。即使住在城里，也与老家保持着密切往来。小时候，家里常有老家的人来串，爸爸家的亲戚刚走，妈妈家的亲戚又来。我自己呢，是在大院里长大，眼瞅着身边的叔叔阿姨一天天老去，不声不响，差不多全都死光了。突然间，我才发现，我自己也老了。现在，乡土社会正到处解体，大院文化也日渐衰微。我们的下一代，不是随父母换工作走哪儿算哪儿，就是漂洋过海出了国。大家都像浮萍，根本没有根。

老家还有意义吗？出生地又能说明什么？换工作，三天两头搬家，那不是家常便饭？哪儿不是打工挣钱吃饭。对某些人来说，就连自己算哪国人都不重要。他们说，他们是世界公民。

这个集子中的文章多半跟行走有关，话题集中在北方三省，一是山西，二是陕西，三是甘肃。《黄河大合唱》："张老三，我问你，你的家乡在哪里？"我的家在山西，跟张老三一个省，但不在黄河以东二百里，而在太行山下的漳河流域。

我的第一篇文章是写太行八陉。太行山，大S形，从华北平原上台阶，这是第一个台阶。南边的山把山西跟河南分开，东边的山把河北和山西分开，北边的山把东北、内蒙古跟山西隔开。2010年，应《华夏地理》之邀，分两次，我跑过太行山的这八个门户和通道，风景真美。

太行山的内侧，有个自古夺天下炙手可热的地方，古人叫上党。苏东坡说，"上党从来天下脊"。上党是天下的脊梁。解放战争的第一仗就叫上党战役。我的老家就在上党盆地的北边，一个叫武乡的地方。抗日战争，这里曾是八路军总部。关于山西，关于上党，特别是武乡，我写的比较多。这些都跟寻根问祖有关，我戏称"家乡考古学"。

山东出圣人，山西出祖宗。有人说，山西有两大优势，一是挖煤，二是寻根。山西庙最多，尧、舜、禹，这些老祖宗的老祖宗，据说全在山西。我说的不是这种根。

山西是个胡骑南下的大通道，胡风从大同吹进来，有八个出口吹出去。我的家乡就在太原到洛阳的官道上，离太行八陉的滏口陉最近。这里有个北朝寺庙群。我挖出一块北朝残碑，赫然可见"梁侯寺"三字，这才恍然大悟，我们村的名字（北良侯村）就来自这个寺庙群。庙上还有一块元朝的地震碑，碑已碎成好几块，我试做复原。原来我们是那次大地震从附近山里迁来的灾民。

陕西，关中平原的北部是黄土高原，它的东侧是黄河。我去陕西多少回，就是没有去过陕北。去年，陕西历史博物馆请我做报告，由秦始皇帝陵博物院安排，榆林文物保护研究所的乔建军所长陪同，总算一偿心愿。我从陕西回来，把沿途见闻和书本记载对过一遍。我发现，上郡这么重要的郡，原来是一笔糊涂账，学者就连上郡的郡治在哪儿都搞不清。《中国历史地图集》把圁水当秃尾河，造成一系列地名搬家。现在靠出土发现，我们才知道，圁水就是无定河。西河郡跟太行山相似，黄河上有很多渡口，八路军东渡黄河，毛泽东去西柏坡，都是从这些渡口过。

我这个集子，涉及上党、上郡、西河三郡，每个郡都从水道入手，《地理志》和《水经注》是放在一块儿读。

最近的访古，是参加北京大学考古文博学院和牛津大学组织的中英联合丝绸之路考察团，起点敦煌，终点宝鸡。上个学期讲《禹贡》，对雍州倍感兴趣，一是山川形势，二是遗址文物。甘肃是三大边疆的交会点，自古就是中国与西域商贸往来的大走廊，也是个民族大熔炉。我的兴奋点是周、秦、戎的关系。

我发现，走路不光是埋头走路，还得读书，出发前要做功课，路上要记日记，回来还要整理核对。

我这个人，平常不记日记，觉得太累，影响生活，只有在外访古才记日记。现在，记忆力崩溃，眼前的事顶多保存24小时，第二天就自动删除，不记不行呀。

2014 年 11 月 8 日写于北京蓝旗营寓所

双底村（陈新宇 摄）

北上太行山，艰哉何巍巍！
羊肠阪诘屈，车轮为之摧。
————曹操《苦寒行》

说中国山水
——以太行八陉为例

最近,由《华夏地理》杂志安排,我考察了太行八陉。吴昊先生邀我来中央美院,和大家聊聊中国山水,我想以太行八陉为例,从历史地理的角度切入,讲讲我的感受,和大家分享一下我们的愉快。

一、阳春召我以烟景,大块假我以文章

这两句话是李白的话,出自《春夜宴从弟桃花园序》。我们的考察选在春天,这两句话很合适。今年的春天特别冷,但风景很美,雪天有雪天的美,晴天有晴天的美,大地赐我以灵感,让我觉得美不胜收。

张家口大境门上有四个字:大好河山。我曾问自己,中国的大好河山到底在哪儿?毛泽东说"绿水青山枉自多"(七律《送瘟神》),还真的多吗?说实话,过去我嫉妒过美国的大好河山,也嫉妒过日本的小好河山,觉得自家山水不怎么美。

这种看法太肤浅。

上世纪九十年代,我经常飞美国,每次都飞越朝鲜、日本、阿拉斯加。秦始皇海外寻仙,西有昆仑山,东有蓬莱岛。他东张西望,更迷东

方。那个梦一样的地方据说是日本列岛,古人叫瀛洲。日本的富士山,很美。秋瑾有诗:"诗思一帆海空阔,梦魂三岛月玲珑。"(《日人石井君索和即用原韵》)

大洋彼岸,比日本更远,有个皮吉特湾(Puget Sound),比日本更像海外仙境。那里真是山连着山,海连着海。岸上,有无数西湖般的湖,星罗棋布。湖和海也是连在一起。美国的西雅图和加拿大的温哥华,彼此相邻,就在这一带。

西雅图有个雷尼尔山(Mount Rainier),也是一座雪山,4392米,比富士山更高,比富士山更美。你在西雅图,无论走到哪里,都可以看见她的尊容,视觉效果很奇特,那山竟像悬在半空中。

雷尼尔是英国探险家温哥华的朋友。这是英国人起的名字。人家印第安人不这么叫,他们叫塔科马(Tacoma)。西雅图的飞机场就在塔科马。塔科马的意思是吃人女怪。我见过一张老照片,拍的是印第安老酋长。他背后就是这座山。此人叫什么?就叫西雅图。

美国的山确实很美。这是梦一样的美,虚无缥缈的美,没有人,也没有历史(有也主要是印第安人的历史)。

秦始皇的梦,汉武帝也做过,但谁都没有找到海上的仙山,很失望。汉以后,大家全都掉头西向,转向陆地上的山。寻仙访药,逃避尘世,隐士、道士、和尚,最爱往山里跑。

白居易说,"忽闻海上有仙山,山在虚无缥缈间"(《长恨歌》)。海上的山,太虚无缥缈。

李白说,"海客谈瀛洲,烟涛微茫信难求。越人语天姥,云霞明灭或可睹"(《梦游天姥吟留别》)。李白迷上的山是可以看见的山。

他看见的山是中国的山。

画分南北宗,都是画咱们中国的山。山分南北,人也分南北。中国,胡骑南下,一波又一波,风花雪月,高雅和腐化,统统被挤到南方。

中国的文人，中国的画家，宋以后，多在江浙。但荆浩出生于济源，太行山就在他家门口。他的《匡庐图》，大家都说，不是庐山，而是太行山。

江苏无高山，最高的山是云台山，在连云港的东边，清以前一直是海岛。浙江倒有不少山，比如李白盛赞、简直神乎其神的天姥山，就在浙江新昌。这些山和北方的山大不一样。

南方的山很美，好像美女，脸蛋和身段都不错，比北方柔美。我是北方人，过去我老觉得，北方的山有啥好看，满脸大褶子，好像罗中立画的《父亲》，而且干巴巴、光秃秃，好像裸奔的莽汉。

这种想法，同样很肤浅。

有一天，有个西方汉学家跟我说，北京去承德，一路的风景真美，美得都让他喘不过气来。这让我吃了一惊。因为我对自己身边的山已经麻木不仁。

我对北方的山刮目相看，是因为历史，是因为考古，是因为穿越时空，有了一点大地理的感觉。跑路多了，我才明白，这些山水，太有历史沧桑感。大山深处，有讲不完的故事。

于是我说，美不仅在于漂亮。

什么叫漂亮？你不是马，并不知道马的漂亮，虽然马就在你的身边。

现在我才明白，中国的山，中国的水，其实很美。北方的山，北方的河，也自有其雄浑壮丽。请注意，我在"丽"字的前面加了"雄"字，加了"壮"字。雄壮也是一种美。

二、如何看山，以太行为例

前不久，我在《华夏地理》写过一篇文章，讲岳镇海渎。普天之下，千山万水，皇上左不挑，右不选，为什么单单看中了这十座山、四条水，这里面大有文章。中国的名山,山不在高,也不在美,关键是它的地理位置,关键是它的历史位置,关键是它和人的关系。帝王有帝王的眼光,百姓有百姓的眼光,和尚、道士也有他们的眼光。

如何看山?我想讲一点地理知识,算是阅读太行山的导读吧:

(1)看山,有个总原则,以山定水,以水定路,以路定城。我们要注意山、水和人的关系。两山之间往往有水,水绕山行,往往有路,路的两端,往往有村。陆游说,"山重水复疑无路,柳暗花明又一村"(《游山西村》),城是最大的村。城与城隔山相望,中间有什么联系?是我们关注的重点。

(2)中国山水,岳镇是大坐标。嵩山是洛阳所依,天下之中;吴山、华山在西,是秦的一头一尾;泰山、沂山在东,是齐、鲁的标志,这五座山是横轴。纵轴,霍山在正北,恒山在其东,都是晋国的山;会稽山在东南,东临大海,代表吴、越;医巫闾山在东北,孤悬塞外,代表最北;衡山在湖南(洞庭以南),代表最南。

(3)太行在山西、河北之间,属于上述纵轴的北段。北岳恒山就在这条山脉上。我们可以把山西看作一个由两条直边和两条斜边组成的平行四边形,好像一颗晶体结构分明也切割整齐的宝石,镶嵌在中国大地。它东有太行,西有吕梁,南有中条、王屋,北有管涔、恒山,黄河绕其西侧和南面,真是表里河山。四面的边界是天造地设,不用人画。

(4)共工怒触不周山,天塌西北,地陷东南,水潦尘埃归焉(《淮南子·天文》)。这个传说很形象。中国大地,西北高,东南低,有三个台阶。太行山是在西北高地的边缘上,下了这个台阶,就是一马平川。京石高速和京石铁路就是贴着太行山走,这是沿着古道走。这条古道,现在仍是经济大动脉。

(5)太行不是一座山,而是一条2000米高的山脉。古人把太行山比作天下的脊梁。苏东坡说,"上党从来天下脊"(《浣溪沙·送梅庭老赴潞州学官》)。它的南端连着王屋山和中条山,北端连着燕山山脉,好像一个大S。《禹贡》讲冀州,它的东界就是这个大S。这个大S地带是个地震带,山体以石灰岩为主。

(6)方向很重要。古人讲阴阳方位,有所谓"右背山陵,前左水泽"(《史记·淮阴侯列传》),来源是《孙子》佚篇。中国的方向,是以东南为阳,西北为阴,强调居高临下,屁股坐在西、北,脸朝向东、南。东西,东为上;南北,南为上。这种方向感和上面说的大S有关。[1]

(7)古人说,南北向的山是生山,东西向的山是死山;东西向的水是生水,南北向的水是死水(银雀山汉简《地葆》)。中国的水,百川朝宗于海,多半是从西往东流(或自西北向东南流),山,很多也是东西向。山西的山多为南北向,西边的黄河、中间的汾河是从北往南流,但东边的水,滹沱河和漳河,却是穿山而过,自西往东流。

(8)中国北方有三条线:35°线是王都线,从宝鸡,到岐山,到咸阳,到西安,到洛阳,到偃师,到郑州,到开封,一线排开,全是古都;38°线是华夏御北的第一道防线,石家庄、太原、榆林和银川在其上下;41°线是长城线,西起嘉峪关,东到山海关,是华夏御北的第二道防线,京包线上的北京、张家口、大同、呼和浩特、包头在其上下。

(9)太行山,纵看是看三条线,就是刚才讲的35°线、38°线和41°线,我们可以根据这三条线,把它分成三段:南三陉、中二陉、北三陉,从南往北分三段。横看是看太行两侧的水、两侧的路、两侧的城彼此是什么关系,沿途有什么古迹,如城邑、墓葬、寺庙、关隘,等等。[2]

(10)俗话说,山不转水转,水是流动的,人也是流动的。看山,我

---

[1]骑马的民族向太阳,匈奴、突厥、辽、金、蒙古都是以东为上。顺便说一句,巴黎的卢浮宫和华盛顿的mall也是以东为上。汉族也强调向阳,房子都是坐北朝南,但我们不要以为汉族只是以南为上。以南为上是对南北向而言。如果是东西向,则以东为上。

[2]太行山的两侧,不是古都,就是交通要道,或战略要冲,就这一点而言,中国的山,没有一条比得了。

说中国山水 9

们要"自其变者而观之",也要"自其不变者而观之"(用苏东坡《前赤壁赋》之语)。皇帝不可能万岁,只有山川才当得起万岁(地质年代都是以万年为计)。我们看山,主要是看它阅尽的人间春色,比如交通,比如战争,都发生在它们的眼皮底下。

太行山是我的故乡,我的父母生于斯、长于斯、葬于斯。我以太行山为例,有我特殊的感情。

三、太行南段:轵关陉、太行陉、白陉

太行八陉,其说出自晋郭缘生《述征记》。此书久佚,见《元和郡县志》卷十六引。

陉是山间通道,太行山被水流切割,有很多通道,其数不止于八,但八陉最有名。我们要注意,八陉是山西通河南、河北的通道,它们的命名,一般与山西无关,绝大多数都是以太行山外侧(即东侧或南侧)的山口、关隘、城邑而命名。这种山口、关隘、城邑,几乎都在河南、河北,即使在山西,也在边界上。

我们的考察分两次,第一次是利用春节长假,走南三陉和中二陉。

我们先讲南三陉。

(一)首先,我们是顺第一道线,先走到大S的南端。

上面说,太行山的南端连着王屋山和中条山。山之南是黄河,河之南是洛阳。洛阳依托的山是嵩山,水是伊、洛、瀍、涧。古人说的中国,就是这里。这次,走轵关陉前,我们先去了这个大S的头:两个函谷关。秦函谷关在灵宝,是个峡谷,北面是中条山,南面是崤山,中间夹着黄河,峡谷在黄河的南岸。到那儿一看,你才知道,什么叫一夫当关,万夫莫

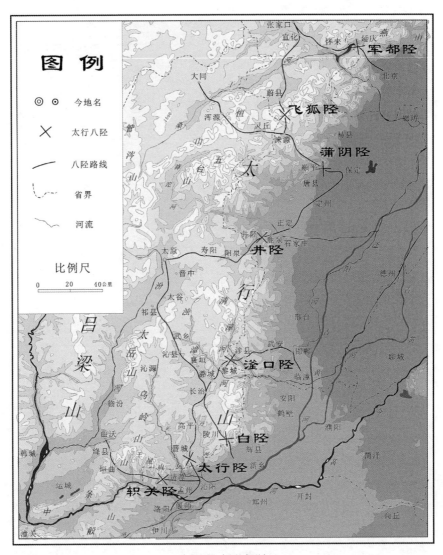

太行八陉（马保春 绘）

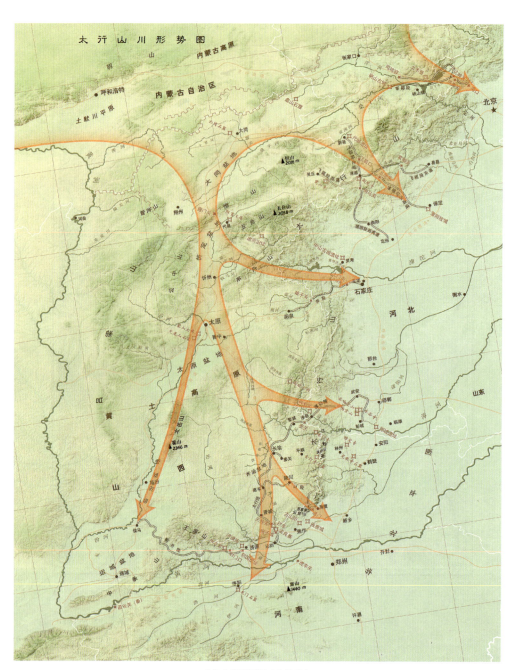

太行山川形势图（任超 绘）

开。秦人有两个门，宝鸡是西门，河曲是东门，这个地方是秦出陕西的大门口。传说老子出关，就是这个关。我们要知道，陕西是陕县以西，陕东是陕县以东，秦人的东西是这么划分。这里是西土和中原的分界线。西出函谷关，西出潼关，那是另一番天地。汉代，函谷关东移，搬到新安，在洛阳西边，离洛阳很近。项羽叩秦关，坑杀秦国的降卒20万，就在新安。新安西北角有个盐东村，在黄河边上挖出过汉代的仓储遗址，和华阴泉店村、凤翔孙家南头村发现的仓储遗址非常像。这里出土过关字瓦当，关字就是指汉代的函谷关。这是个漕运码头。仓是用来储盐，河对岸，山西那边有盐池，所以地名叫"盐东村"（意思是盐仓东村）。可惜，这个遗址已经淹没在小浪底水库里。

（二）其次，是走南三陉。

1. 轵关陉，是山西侯马到河南济源的通道，陉以关名。如果从济源去侯马，要穿王屋山。到了侯马，就可以接上同蒲路（大同到风陵渡），北上太原，去大同。这次，我们去了封门口和轵城镇。封门口是陉道的外口，离轵城镇约54里。车到封门口，大雾弥漫，让我想起王维的诗，"空山不见人，但闻人语响"（《鹿柴》）。轵城镇在济源城的东南角外约4里处，轵城遗址就在轵城镇的东边，古城原来比较长，有1000多米，现在只剩一小截，很可怜。这是轵关陉的终点。你很难想象，它在古代有多重要。里耶秦简讲秦驿路，就提到过轵城。这是从西往东数，太行第一陉，说是太行第一陉，其实是穿王屋山。

2. 太行陉，主要指晋城南面，天井关到碗子城这一段，出了碗子城，就是沁阳。沁阳是沁水和丹水的交汇处。天井关，古代也叫太行关，同样是陉以关名。天井关还在山西的边界内，这是唯一的例外。山西，太原以下，自古有两条大道，一条西南行，即上面提到的同蒲路；一条东南行，经长治、高平到晋城，高平以下是沿着丹水走。太行陉和后一条大道

轵关陉

相通，是太原到洛阳的必经之路。我们要知道，胡骑南下，从大同直扑洛阳，必经此道。北魏的石窟寺艺术南传，从大同云冈到洛阳龙门，也走此道。山西的古建和石窟，绝大多数都分布在它的两旁，特别是南段，长治地区和晋城地区。当年，秦赵大战长平，父老相传，丹水是血水染成，郦道元以为不经（《水经注·沁水》），但老百姓的记忆也没什么大错，这里的确是血流成河。你要知道，这可是同姓相残（秦、赵都是嬴姓），死了40万人呀。我们走这条道，可见三道并行，古道是顺河道，蜿蜒曲折，最难走，扔在山底下；省道和古道还比较贴近，高一点；高速是修在高架桥上，高高在上，穿山而过，直奔目标，车行其中，如入鱼腹，不见天日。快倒是真快，我们是以最快的速度离开古代，什么也看不到。去，我们是走高速，回是走古道，来回的感受大不一样。

3. 白陉，主要指山西陵川双底村（原作磢底村）到河南辉县宝泉水

太行陉（陈新宇 摄）

库这一段。路是沿着清水河走。我们从辉县薄壁去宝泉水库，穿太行山，走到陵川，然后从陵川去长治。白陉为什么叫白陉，据说与白鹿山有关。郦道元说，清水发源于白鹿山东边的黑山（《水经注·清水》）。白鹿山在今河南修武县云台山景区的百家岩一带，就在宝泉水库西边不太远。陉道的山口，古人叫孟门。这个孟门，不是吉县孟门（龙门上口的孟门），而是太行孟门，古代很有名。它出名是出在险。山都是刀劈斧削，路很窄。古人说的羊肠阪就在双底村，村子在两山下。两山中间有条道，九曲十八弯，有如羊肠（吃草的动物肠子都长，羊的肠子就又细又长），从山底盘到山顶，当地叫七十二拐，奇险。

这三条古道，出口都在黄河以北，太行以南，古人叫河内之地，也可以叫河内三陉。河内是商朝的腹地。周人灭商，先要灭邘。河南沁阳有邘城，就是这个邘。邘为什么重要？就是因为它在太行陉的出口上，是战略

说中国山水 15

白陉：羊肠阪（陈新宇 摄）

白陉：羊肠阪（陈新宇 摄）

白陉：宝泉水库（任超 摄）

要地。

南三陉，太行陉最重要，现在的太洛高速大体还是沿它走，但与古道不同，不是经过沁阳，而是穿济源，直通洛阳。

四、太行中段：滏口陉、井陉和滹沱河道

太行山的中段有两个陉：滏口陉和井陉，井陉的北面是滹沱河道。

1. 滏口陉，是滏水东出的山口。滏水即滏阳河。此水发源于鼓山，即邯郸市峰峰矿区的南响堂山。上面说，大同到洛阳要走长治，这条南北大道，从黎城分出个横道，经河北涉县、武安、磁县，可达邯郸。它的出口就是滏口。这个出口外有三个古都：邯郸、邺城和安阳。滏阳河南有漳

滏口陉:响堂山(陈新宇 摄)

河。漳河是从山西,穿太行山流过来。漳水分清漳、浊漳。浊漳水是合长治地区的潞水、涅水、武乡水汇成的大河,清漳水是从和顺、左权方向流来,二水在河北涉县南端一个叫合漳村的地方汇合,向临漳方向流。临漳的漳就是漳水。临漳西南有邺城。邺城是曹魏的首都。邺城的南面是安阳。临漳属河北,安阳属河南。最近发现的曹操大墓(高陵),地点属于安阳,其实就在邺城旁边,离西门豹祠不远。安阳是商代晚期的首都,它的西边靠着林州。林州有个林虑山(原来叫隆虑山),即红旗渠穿过的地方,风景最美,我们也去了。这回,我们顺着浊漳河走了一趟,从山西平顺的龙门寺一直走到合漳村,看见两条漳水在这里汇合。吴起说,"殷纣之国,左孟门而右漳、滏",有险无德不能守(《战国策·魏策一》)。司马迁引之,把"左孟门而右漳、滏"改成"左孟门,右太行"(《史记·孙子吴起列传》)。可见太行主要就是指漳、滏穿行的太行山。阮章竞有诗,

浊漳、清漳汇合处

"漳河水九十九道湾,层层树,重重山。层层绿树重重雾,重重高山云断路"(《漳河水》),一路上,我经常想起这几句诗。漳河水流过的山是什么山?就是殷纣之国依托的太行山。滏口陉是从长治去邯郸的大通道。[1] 这条路非常重要。商代青铜器西传,从安阳传到长治地区,就是从这条道传入。周灭商,先灭黎,也是为了控制这条道。黎国在哪里?有新出铜器为证,就在黎城。北朝石窟寺艺术东传,也是从这条道传出,著名的响堂山石窟(分北响堂和南响堂)就在滏口陉的口上。抗日战争和解放战争,这条通道太重要。我二姐生在武安,我生在邢台,我的父母是从这条道,走出太行山,从邯郸到正定,把我们带到北京。这一路有很多标语,都是宣

---

[1] 当年,八路军从陕西进山西,从山西进河北,在太行、太岳和五台都建立过根据地;中共中央也是从陕西进山西,从山西进河北,从河北进北京。太行山是必经之地。

说中国山水　19

井陉（陈新宇 摄）

传科学发展观，但沿途的工业污染实在太厉害，天空灰蒙蒙，空气充满刺鼻的气味。

2. 井陉，在滏口陉的北面，差不多正好在38°线上。这条道，古代是正定到太原的交通要道，现在是石家庄到太原的交通要道，很有名。陉口叫土门口，在鹿泉县西。土门口上有土门关。我们顺国道307走，先看土门关，再看古驿道。当年，秦始皇第五次巡游，死在沙丘（河北广宗），运尸体的车就是从这里进山西。李斯秘不发丧，假装秦始皇还要视察北方的边防线，绕道九原（今包头），从直道返回咸阳。当年，韩信背水一战，也是在这里打的仗。现在的石太铁路和石太高速就是傍着这条古道，现在仍是一条经济大动脉。

离开中二陉，往北走，这一段古人叫恒山。它旁边，河北中部，保定、石家庄一带，是战国中山国、汉代中山国和恒山郡（或常山郡）所在，定州和正定是中心。北岳恒山，现在叫大茂山或神仙山（1869米）。五岳，庙和山都很近，只有北岳，庙在曲阳，山在唐县（唐县和阜平、涞源的交界处）。从曲阳县城到大茂山景区，车程约102公里，相当远。

太行山的北段，被一条大河切割，这条大河是滹沱河。滹沱河也是一条通道，但不在八陉之中。我们走太原，北上五台，从虑虒古城到灵寿古城走了一趟，就是沿着滹沱河走。

虑虒古城在滹沱河的上游，五台县城东北角的古城村。城在滹滤河上。这座古城是沿着一座土塬的外缘修筑，城圈很不规则，不是一座方城，和常见的中原古城大不一样。

我们沿着滹沱河走，路况很好，风景很美。谁说滹沱没有水，一路都是水。

灵寿古城在滹沱河的下游，河北平山县。车入平山，河床渐宽，有两座大水库，一座是岗南水库，一座是黄壁庄水库。

这座古城也很不规则。中山王错，大墓在城西，靠南，背后是月牙形山口，前面是黄壁庄水库，滹沱河最宽的地方，风水很好，可惜有一条铁路穿城而过。

这里，我来过好几次。三十年前，我讨论过这座大墓。

我们看墓中出土的规划图（《兆域图》），坐北朝南看，这座王陵本来有五座墓，王在中间，先死的老王后（哀后）在他左边（东），年轻的新王后在他右边（西）。两个王后旁还有两个夫人。最后为什么只有两座墓，原来赵灭中山，把其他三个女人抢走了。预留的三个穴位根本就没修。

中山是个白狄国家，占据着河北中部，正好堵在赵国从邯郸北上的路上，并卡住了滹沱河和井陉口。中山为什么叫中山，我怀疑，不是指"山在邑中"或"城中有山"（《水经注·易水》），而是指这个国家位于太行山的中段。司马迁说，"（赵）灭中山，迁其君于肤施，起灵寿，北地方从，代道大通"（《史记·赵世家》），什么是北地？什么是代道？过去不明白，现在走一趟，你才知道。原来，北地就是今涞源、蔚县一带，代道就是下面要讲的飞狐、蒲阴二陉。司马迁说，赵灭中山，把最后一个中山君迁到肤施，这个肤施在哪儿？过去都以为是陕西的肤施，也就是现在的榆林一带，不对。榆林太远。其实，这个肤施不是陕西的肤施，而是山西的肤施。山西的肤施是虑虒。肤施也好，虑虒也好，都得名于滹沱，很可能是个匈奴语的名字。赵灭中山，只是把这个亡国之君，从滹沱河的下游送到了它的上游。[1] 我们走的就是这条路。

严耕望说，这条古道，古代不太出名，因为河北北部去山西，主要走北线，即从怀来走宣化、大同去太原。[2] 但这条古道还是很重要。[3]

五、太行北段：飞狐陉、蒲阴陉、军都陉

考察北三陉，我们是利用五一长假。我们从十渡、野三坡走，先去易县，看紫荆关，然后去涞源，西去灵丘，北上蔚县，最后从怀来去居庸关，从居庸关回北京。

1. 飞狐陉在蒲阴陉的上面，飞狐陉算第六陉，蒲阴陉算第七陉，第六第七是从北往南数，其实是上下贯通，从代地到河北中部的一条道。飞狐陉是蔚县到涞源的通道。蔚县很重要，是代国的中心，赵武灵王灭中山，灭代，攘地北至燕（北京）、代（蔚县），西至云中（托克托）、九原（包头），是想抄秦国的后路，从九原南下，直扑咸阳。后来的秦直道，就是这条路。代城还在，城墙高大。它和虑虒、灵寿二城一样，也很不规

---

[1] 李零《滹沱考》，收入夏麦陵编《黄盛璋先生八秩华诞纪念文集》，北京：中国教育文化出版社，2005年，345—347页；《再说滹沱》，《中华文史论丛》2008年4期（12月20日），25—33页。
[2] 严耕望《唐代交通图考》第五卷：河东河北区，台北："中央研究院"历史语言研究所专刊之八十三，1986年，1367页。案：倒马关也叫常山关、鸿上关、鸱塞。
[3] 毛泽东从吴堡入山西，从五台山经阜平去西柏坡，是走另一条路去平山。

飞狐陉

则，形状近乎椭圆，周长上万米。蔚县西，山西浑源出过著名的浑源彝器，就是赵国在代地的遗物。这次去蔚县，是从涞源北上。车出涞源大北关，北行约19里，是张家铺，为入山处。铺是古驿站。入山的路，也是三道并行：古道顺河，国道盘山，高速（张石高速）穿山。这条路，我们来回走了三趟。高速还没正式通车，到处是大桥墩子。从张家铺往北走，约25里，是伊家铺。伊家铺在国道下边，是个只有十来户人家的小村，也是古驿站。村中的房子都是百年老屋。前面不远就是县界。从伊家铺往北走约8里，是黑石岭。山上有个村子，叫黑石岭堡，村子是建在一个古障塞的遗址上，周围的山上有一段段残墙，全是用石块垒砌。这个地方就是著名的飞狐关（也叫飞狐峪、飞狐口）。到了飞狐关，就进了蔚县。从飞狐关往北走约8里，是岔道。前面是个大峡谷，风景奇绝，两旁的山刀劈斧削，非常险，号称四十里峪。山路曲曲弯弯，我们一直在夹缝里走，直到驶出北口，才豁然开朗。这段路大约有26里。北口外有个大村，叫北口村。村西有个烽火台，是用来报警，说明北边有情况。驶出北口村，前面约24里，就是蔚县县城。我说的距离是从卫星地图上估算的直线距离。当地说法，飞狐关是个中点，南到涞源，北到蔚县，各70多里。

2. 蒲阴陉是涞源到保定的通道。严耕望的书讲得很清楚，涞源是个交通枢纽，五道并出：涞源到蔚县是北道，经飞狐关；涞源到灵丘是西道，经天门关（也叫石门关，或隘口关）；涞源到易县是东道，经子庄关；涞源到保定是东南道，经五阮关（和五回岭）；涞源到定州是西南道，经倒马关（和倒马岭）。[1] 这五条道，我们走了四条。北道，去了飞狐关。东道，来时经过紫荆关，明清时代很有名。紫荆关的前身是子庄关。西道，去了觉山寺（觉山普照寺）。天门关和御射台在县城东南，离觉山寺不远，御射台上立的北魏《皇帝南巡之颂碑》就藏在寺里。东南道，沿途到处在

---

[1] 严耕望《唐代交通图考》第五卷：河东河北区，篇肆叁：太行飞狐渚陉道，1459—1506页。

蒲阴陉

开矿,环境很糟糕。我们从杨家庄到兰家庄,一路打听五回岭,老乡只知五虎岭,不知五回岭。[1] 原来,五虎岭是五回岭的俗称。我们走到五回岭跟前,原道返回,没有翻山,五阮关就在山背后,属于易县。西南道,倒马关在唐县,我们也没去。这五条道,蒲阴陉是哪条道?答案很清楚,当然是去蒲阴城的道,而绝不是紫荆关到涞源的道,很多人都把飞狐东道当蒲阴陉,这是被清顾祖禹误导,一定要纠正。[2] 蒲阴城,古代也叫曲逆。

---

[1] 五回岭也叫广昌岭(涞源旧名广昌)。
[2] 紫荆关是宋元以来的新名,汉唐时期的旧关叫五阮关(可能在紫荆关的附近)。清顾祖禹以飞狐东道(紫荆关到飞狐关)为蒲阴陉,是误导读者。他说:"紫荆关,在保定府易州西八十里,山西广昌县东北百里(县属蔚州)。路通宣府、大同,山谷崎岖,易于控扼。自昔为戍守处,即太行蒲阴陉也。《地记》:太行八陉,第七陉为蒲阴。或曰即古之五原关(原,一作阮)。"(《读史方舆纪要》卷十)其实或说才是正确的。严耕望指出:"晋末郭缘生《述征记》称太行八陉……其第七陉即五回岭道,盖即汉五阮关道,前人以为即紫荆关道,非也。"(《唐代交通图考》第五卷:河东河北区,1473页)

军都陉(陈新宇 摄)

这座古城在什么地方?在顺平东南,今保定南站附近。它是五道中的东南道。五道所通,都是边塞。保定、定州、正定是支撑这些边塞的大后方。上述二陉是通古中山之地的要道,命名都是根据陉道的外口。今张石高速,北段(张家口到涞源)还大体沿古道走,南段(涞源到石家庄)则舍五阮关—蒲阴道和倒马关—定州道,直奔石家庄。

3. 军都陉是以山名,类似太行陉的命名。它是指居庸关到南口这一段。这条道,西通怀来、宣化、大同,东通古北口、喜峰口和卢龙、临榆。临榆关即山海关。居庸关是长城线上的一大枢纽。它和南口,都在军都山的南面。北京市文物研究所在军都山的玉泉庙发掘过所谓山戎墓地。这种墓,是代地的墓葬。墓口摆马头,墓中随葬青铜短剑,显然是骑马民族的墓地。居庸关有个云台。云台是元代建筑,门洞内有东南西北四天王和六体陀罗尼经。六体,是梵、藏、汉、西夏、回鹘和八思巴文。这是清文五体的前身。避暑山庄的丽正门就是用五体书写。二者可有一比。路从门洞穿过，石头路面，刻着很深的车辙。八达岭，就是从这里四通八达。南口是军都陉的外口。出南口，经昌平、沙河、清河，是去北京的路。京包线就是走这条路。

这一带，蔚县有壶流河（古祁夷水），易县、涞源有拒马河（古巨马水），灵丘、易县有唐河（古滱水），都是古道所经。

北三陉，主要和长城有关，和长城沿线的边塞有关。[1]飞狐、蒲阴二陉还位于太行山的北段即广义的恒山上，军都陉已经转向燕山山脉。这三陉，位置相对居中，往西是山西的一溜儿边关（如雁门关），往东是河北的一溜儿边关，最东边是山海关，大S往上走到头，这是另一个终点。去年我跑过山海关，调查秦始皇在渤海沿岸的遗迹。

六、得意忘形

讲完山水，回到开头的问题，说说我对太行之美的体会。

前面，我们提到画分南北宗。我心里有个问题，有谁能不能研究一下画家的籍贯，画家的游历，看看他们熟悉的山水和他们的绘画风格有什么关系，我们甚至可以向搞环境地理研究地形地貌的学者请教，分析一下画面上的山水，从地质、水文的角度看，有啥名堂。但这是科学的角度，不是艺术的角度。

我提到荆浩，提到他的《匡庐图》。荆浩隐居的洪谷山到底在哪里？我没有研究。有人一定要把它落实，于是有很多争论。

荆浩是哪里人，有人说是济源人，有人说是沁水人（沁水挨着济源），

---

[1] 南口、张家口和保定，近现代也是军事重地。

匡庐图

有人说他爱生哪儿生哪儿,关键是隐居在什么地方。济源和沁水抢名人,都派人考察过,说是找到令人信服的证据。林州也不示弱。林州在安阳西,隔山就是山西。据说中国美院有个实习基地,很多画家都到那里写生。这次我们去了,风景确实美。任超说,他们拍照片,已经找到了真正的洪谷山,就是荆浩写生的原型。

上述三家争名人,都说荆浩画的是他们那儿的太行山。其实,中国的山水画,它既然是艺术,就不会简单是写生。除了师造化,也师古人,也师流派和风尚,甚至什么也不师。创造就是"一定基础上的胡来"。他把造化、古人、流派、风尚统统扔一边儿,自我作古,自己画自己梦中的山水。

中国的山水画,有工匠画,有文人画。艺术史界有很多文章,长期讨论文人画,文人画到底是什么,不能全听文人讲。文人画有很多文人编造的神话。

中国的山水画,本来是殿堂、寺庙和墓葬的装饰性壁画。郑岩先生写过一篇文章,专门讨论墓葬壁画上的山水,很有意思。[1] 最近去西安,在陕西考古研究院,从电脑上看他们发掘的汉墓壁画,张建林说,他们有更早的山水画。

文人傲视工匠,书画同源说是个神话。画画,本来是工匠的长项,文人比不了。文人不会铸铜器、琢玉器、雕石器、烧瓷器、盖房子、画壁画,本来,就连刻图章都不大灵光。宋以来,文人用青田石刻印,才有所谓篆刻。但他说,写字你总不行,画都是字,都是从书法出,这是神话。诗、书、画、印四项,文人的真正长项是诗。写字还不是关键,关键是文人会作诗,会以诗入画。

中国的文人画,诗画组合是一大特色。莱辛《拉奥孔》讲雕塑和诗歌

---

[1] 郑岩《"画框"上的笔尖》,收入范景中等编《考古与艺术史的交汇》,杭州:中国美术学院出版社,2009年,82—104页。

的关系，文人画的核心是诗画关系。

诗是靠言，画是靠形，你无法说，哪个更重要。图书图书，人类一直是两样都用。我国文字，也是形音义并行。现在是读图时代，视觉图像甚至压倒文字。有些意境，适合用画表现，诗比不了；有些意境，适合用诗表现，画也比不了。有些很好的文学作品，拍成电影就砸了。

山水画有别于人物画，很多画，如入无人之境，人很小，也很少，但背后总有人。画的前面有画家的眼睛，电影的前面有摄像机。

意境是人的意境。写意的意是诗意，但画家不是用字写诗，而是用画写诗。

诗意是一种意境，有点说不清道不明，但遗形取神，得意忘形，不是不能理解。

古人说，得意忘形，原来并无贬义，得意是一种境界。"（阮籍）嗜酒能啸，善弹琴。当其得意，忽忘形骸"（《晋书·阮籍传》），是说忘掉自己的存在。

还有"得意忘象"和"得意忘言"，也都是强调忘，有时要忘掉形象，有时要忘掉语言。

画家忘掉形象还有画吗？诗人忘掉语言还有诗吗？

我说有。画也好，诗也好，都是载体，关键在"得意"，关键在得其神韵。

什么叫"忘"，举两个例子。

一是九方皋相马，不辨牝牡骊黄：

> 若皋之所观，天机也，得其精而忘其粗，在其内而忘其外。见其所见，不见其所不见。视其所视，而遗其所不视。若皋之相者，乃有贵乎马者也。（《列子·说符》，又《吕氏春秋·观表》《淮南子·道应》）

这样的人有点像猫，灵敏极灵敏，没事就睡觉，不上心的一切，该屏蔽掉的，全都屏蔽掉，一边睡，还一边支棱着耳朵，随时可以扑腾。不懂相马的人会说，他连公的母的、黄的黑的都分不清，这不是学术界穷追猛打的硬伤吗？我说，是又怎么啦。千里马是千里马，跟公的母的、黄的黑的有什么关系？没关系。

二是元鲜于必仁（鲜于枢之子）的《折桂令·画》：

> 辋川图十幅生绡，老桧森森，古树萧萧。云抹林眉，烟藏水口，雨断山腰。韦偃去丹青自少，郭熙亡紫翠谁描？手挂掌坳，得意忘形，眼兴迢遥。

这首元曲是讲山水画，丹青紫翠，没有不行，但最高境界，还是"得意忘形"。

梦和现实，差别很大。日有所见，日有所想，不一定就是夜有所梦。

毛泽东有一首诗，"九嶷山上白云飞，帝子乘风下翠微"（《答友人》），就是写他的家乡梦。其实，他没去过九嶷山。九嶷山，我去过，在湖南的最南头，是广西那种山，如果照原样画，可能不怎么美。

我游了太行山，从头走到尾，什么画也没画，什么诗也没写，但沿途所见，很有诗情画意，自己觉得满意，这就够了。

2010年5月13日写于北京蓝旗营寓所
2010年5月15日在中央美术学院演讲

（原载《华夏地理》2010年1月号）

上党门

上党，我的天堂

"你从哪里来？我的朋友"，这个问题一直困惑着我，也诱惑着我。

填表，还有"籍贯"一项，几乎形同虚设。出国，没有这一项，出生地和居住地才绝对不可少。现代人，祖籍的概念越来越淡，人家才不管你祖宗八辈儿打哪儿来。

祖籍对我们还有意义吗？

我只能说，对我还有。

我在表上一次次填写：山西武乡县北良侯村（当地多简称"北良"）。这对我，并不是可有可无。

当然，这个地点只是我爸爸家。讲籍贯，都是这么讲。皇上这么讲，百姓这么讲，已经成了习惯。如今讲男女平等，这样讲可不太公平。我妈妈生我养我。我还有一半血液来自妈妈。其实，我妈妈家也在武乡，离北良八里路，叫石人底村，很近。

我知道，这两个村子，后面的故事一大堆，可惜老人都不在了。

武乡，现在属长治地区，古代叫上党，我有一方印："上党老西"，上海博物馆的孙慰祖先生为我刻的。这个绰号，我不嫌寒碜。"老西"怎么啦，那不叫抠，那叫节俭。大手大脚并不是中华美德，不但不一定是中华富人的美德（中外富人都靠抠门起家），也绝对不是中华穷人的美德。

上党的意思，据说是上与天齐，那地儿高呀。

太行山，山水雄奇。北大历史地理中心的唐晓峰教授，他在美国九年，走遍美国的大好河山。"看了太行山的大峡谷，美国的大峡谷还用看吗？"他跟我说。

晋东南，连着河北、河南。

东出滏口陉，从河北磁县往北走，是邯郸，往东走，是邺城，往南走，是安阳殷墟。

东出白陉，是商都朝歌。

南出太行陉，可以直通洛阳。

太行山，有山就有水，有水就有路，有路就有城。

它的两侧，自古就有来往。

三晋中的韩国曾在此设郡，后来被赵国占领。

这里是兵家必争之地。

古人说：

> 今赵，万乘之强国也，前漳、滏，右常山，左河间，北有代，带甲百万，尝抑强齐四十余年，而秦不能得所欲。由是观之，赵之于天下也不轻。（《战国策·赵策三》）

它把赵国的地理环境说得很清楚。这个国家，背北面南，漳水（清漳河和浊漳河）、滏水（滏阳河）在其前，代地、中山在其后，河间（河北献县）在其左，恒山（河北曲阳的恒山）在其右。

赵是以邯郸为中心，晋东南为依托。太行山像一道脊梁，构成其战略屏障。

战国末年，秦灭六国的四大战役，最最惨烈，莫过于长平之战。长平之战就发生在高平的羊头山下。赵国，五万人血染沙场，40万人被活埋（《史记·白起王翦列传》）。山西的考古工作者做过试掘，可怜白骨无人收。

战场考古是新课题。

五岁那年，爸爸妈妈带我和我二姐回山西奔丧，送我爷爷走。那是我第一次回山西，也是我第一次坐火车。车窗外，群山呼啸，大地回旋，咯噔噔，咯噔噔，呼啦啦往后退。我简直目瞪口呆。那些山在我的梦里，全是五颜六色。

"果子面包鸡蛋糕，香蕉苹果大鸭梨"，有个列车员穿过来走过去，手里提溜着一嘟噜一嘟噜吃喝玩意儿，大声吆喝。有人在征集签名，为"保卫世界和平"。我们这些小孩也签了名。当时，"抗美援朝"还没结束，毕加索的和平鸽到处都是。

太原，路边的橱窗里，有个木头人让我兴奋不已，那是家喻户晓的蒋介石。他脑门贴着膏药，手上缠着绷带，脚下踩着台湾，好像玩滑板。这种形象，报纸常见，一般比较小，那是华君武的作品。我经常照着报纸画这个小人，觉得特好玩，如今碰上，不但个儿大，而且立体，我流连不忍去。

我们住交际处，那种样子的建筑，上世纪五十年代很流行，北京也有。

出了太原，没电灯。坐大车走，越走越黑。

爷爷下葬那天，人很多，纸人纸马，花花绿绿，还有面做的水果，很好看。小赖哥（我三叔家的孩子）跟爷爷长大，哭成个泪人。他扛着棵柳树棍棍在前面走，大人让我和我二姐跟上走。他哭，我们笑。他越哭，我们越笑。我们在街上跑，有只大狗汪汪叫。老乡说，孩的，可不敢乱跑，越跑狗的越咬。

那时,我对老家,印象并不好。地是黄的,天是黑的,破衣烂衫灰头土脸的农民,还有他们的房子,全是这两种颜色。除了这些,还有什么?

电视剧,《激情燃烧的岁月》,里面有个殿文,来自蘑菇屯。他演得真好。石光荣两口子为蘑菇屯吵架,我们家也是。

老家是什么意思?我不知道。

有人说,革命是个怪物,总是反噬其身。

"文革",我们家是黑帮,头一天就是。我,我二姐,我妹妹,都上了内蒙古。爸爸很绝望,说你回家看看,咱那个院还能不能住。不行了,咱们都回老家吧。

于是,我们三个都回了老家。

老宅,东西向,前后两个院,前院塌了。后院,只剩西楼和北房,楼房右边的窑洞和南房也塌了,门楼上的匾还在,四个大字:名高千古。

高沐鸿伯伯,狂飙社(左翼文学团体,当时中国第二大的文学团体)健将,我爸爸的老朋友,1957年打成右派,"文革"在劫难逃,被遣送回乡。

王玉堂叔叔,山西著名作家,我爸爸的老朋友,属于"61人叛徒集团","文革",他也跑不了,同样回老家。

大家都回了老家。

我到故城镇,经常碰到王叔叔。他听我说话,样子特逗,老说,"是吗"、"是吗",眉毛一扬,眼睛一瞪,好像很吃惊。

我在老家整整住了五年,乡亲们待我太好。他们干净,比我想象的干净。他们聪明,比我想象的聪明。他们没有势力,因此没有势利眼。他们是受苦人,因此最同情受苦人。

当你和他们一起受苦,他们会帮助你。

我在农村当老师。学校就在村中的高地(村民呼为"圪垯")上。那是一座古庙，也是队部，也是仓库，也是全村的俱乐部。早先还有戏台，可以闹红火。

山西的农村，往往如此。

庙就是中心，好像北京的天安门。

关老爷是山西人，既是战神，也是财神。山西人，不但重商，而且尚武。村里的年轻人有拳房，练形意、八卦，还有各种杂耍。年成不好，他们会拉帮结伙走江湖。我老爷爷是武秀才，考武举屡试不中，卖房子卖地把家败了，丢下满院子的石锁弓刀。我三叔还练武，能倒爬旗杆。当年闹革命，全靠这帮人。共产党成立，我们村是第一个党支部。1933年的老党员，尽是这种人。

村中还有个孔子道，除了我们家，全村都是道徒。

我爷爷特恨舞枪弄棒，买了一堆医书，要我爸爸学，但他跟家里闹翻，到南方投奔大革命，上的还是军校（黄埔五期）。广州起义，差点丢了性命。

武乡，1926年建国民党，我爸爸是太原市党部工人部部长；1933年建共产党，我爸爸是第一任县委书记。县志只写一党，我爸爸说，不对，没有国民党，就没有共产党。

1929年，高沐鸿伯伯写的《少年先锋》（国家图书馆有这本书），书中的主人公，就是我爸爸。

天黑了，我们常在一起"倒瞎"（聊天的意思）。你会发现，这里的人很古老，比我在内蒙见到的老乡更有古风。

他们知道很多古老的故事。

我对中国的感觉是在这里找到：

你终于知道你在中国的地图上是站在哪里，

你终于知道你在中国的历史上是站在哪里。

我一直相信，没有中国感觉的人，不能研究中国历史。写得再厚，也是隔靴搔痒。

聊天的能手是火生哥,他是村里开拖拉机的,人人羡慕的大能人。

他真是长得一挂好嘴。身边的人,身边的事,逮什么编什么,逮什么唱什么,全是现编现唱。他的歌,旋律怎么那么耳熟,听上去,跟《白毛女》一个味儿。他解释说,不是俺们学《白毛女》,是《白毛女》学俺们,土生土长,就这么个调。

火生的歌,上来有个"起兴",什么都可以"开花",比如:

拖拉机开花秃噜噜转,只拉老婆不拉汉。

可惜,他不在了。很多我认识的人都不在了。

死人的事是经常发生的。

穷人的命很薄。

学校东面,立着一个两人高的石菩萨,村民叫"石爷爷",其实像个"石奶奶"。我曾经爬到"她"的怀里,觉得"她"很可爱。

"她"后面是个断崖,没有护坡石,水土流失,身子朝后倾斜,好像跳水运动员背对泳池,站在跳板的边缘,说不定哪天,一失足成千古恨,就掉到沟里去了。上面拨款,让我们给"石爷爷"搬家,往前挪,找个安全地方,给他盖房子。

我和保民(大队革委会主任,经常在一起打篮球的朋友)一起干。没有起重机,搭了架子,用滑轮吊装,但"石爷爷"的脚好像钉在了地上。扒开脚下,原来有个莲花座。石像是插在莲花座上,座下是砖铺的地面,旧庙的地面。

把莲花台周围的土挖开,令人吃惊。我们发现一块残碑,两块雕着佛像的石头,还有几个佛头,都很古老。

北良侯北齐石菩萨

我们把石像拆下来,发现榫卯是用铁钱衬垫。
石碑的铭文太震撼,赫然可见"梁侯寺"三字。
原来我们这个村子就是得名于此。

这个村子太古老，距今已有1500年。

村里从外面请了石匠，一老一少，干细活。粗活交给个本村的石匠。

外来的小石匠，有手艺，吃遍千家万户。他除了在庙上干大活，也到各家揽小活，比如打个猪槽什么的。大姑娘，小媳妇，热情招待，干完这家干那家，特受欢迎。有一天，他被赶走了。

本村的那位，是俺村认下的干儿，来自离石县。大家都管他叫"离石家"。

石料是从灰嘴水库西边的石窝子开采。第一步，放炮炸石头，在山沟里躲；第二步用撬棍把挂在石壁上的石头撬下来，巨石滚下轰隆隆；第三步把巨石破开再破开，直到大小合适人抬得动。

破石头，最费劲儿。"离石家"用凿子在巨石上开槽，嵌入一绺铁楔。我和保民，抡起大锤挨个砸，嗨呦嗨呦，一天破不出几块。最后，用铁链拴住石头，两人或四人，插上杠子往拖拉机上抬，拉回村里，送到圪垯上。

你知道吗？一尺见方的石头，就有100斤重。我们天天往车上扛。

我第一次知道，中国的古建，哪怕一个台阶，都来得不容易，更不用说从千里之外往回运，从高山脚下往上抬。中国，万水千山多少庙，容易吗？

太不容易了。

当年，我爸爸被打倒，只能靠读书消愁解闷，自己解放自己。他热衷过三件事，一件是武乡历史，一件是沁州方言，一件是双拼方案。这三件事，有两件和武乡有关。

我记得，他总是说，咱们可能是少数民族，特别是和北狄有关。

这事我没忘。

山西有赤狄、白狄。赤狄隗姓，白狄姬姓。他们从太行山的各个出口，窜到河北活动，在河北也是一股势力。滹沱河流域，有个叫鲜虞的国家，后来叫中山。七国纷争，它在里面掺和，居然是个不小的国家。

上世纪70年代，中山王墓被发掘，令人惊叹。这个国家就和山西有密切关系。

一部山西史，该从何说起？是引人入胜的问题。

山西人说，山西腾飞，一靠煤炭，二靠祖宗。祖宗属于旅游业。

祖宗是谁？尧、舜、禹。大家都说，尧、舜、禹是俺们山西的特产，我很自豪。可惜这是传说，并非信史。

我们要知道，唐、虞、夏、商、周，唐、虞和夏、商、周可不一样。夏、商、周是三个朝代，古人叫"三代"。唐、虞不是。唐家庄的尧老了，让虞家庄的舜当头，虞家庄的舜老了，让夏家庄的禹当头，一共就三人，三人轮流坐庄。考古学家要找唐文化和虞文化，三人的文化怎么找？

禅让是一种指定接班人的制度，让贤是领导自己找人自己让，不由群众选，也不许孩子当。更有趣的是，这里有个规矩，领导让你当，你还不能当，先得推来搡去，好像我们送礼那样。实在拗不过，撒丫子就跑，让领导在后面撵，撵上了，再当。这是"上古揖让"的美谈，讲给争权夺位者听。它是传说，不是历史。

三代才是真正的历史。

三代头一代叫夏，所谓夏，晋南豫西，至少有一半在山西。不在晋北，而在晋南。早期的古国，主要在晋南。

夏、商、周是三个地理单元，商在东，周在西，夏在当间儿。周加上夏，才能打败商纣王，这叫"三分天下有其二"。文王伐九邦，武王克商，都是先站稳陕西，再夺取山西，最后打败住在河南的商纣王。

商朝平定，周初封建。唐叔虞封于夏墟，接收夏遗民，有所谓"怀姓九宗"（《左传》定公四年）。"怀姓"是媿姓，"九宗"是它的九个分支。王国维考证，他们是鬼方的后代。《世本》说，鬼方本来住在黄河上游的河套地区，号称"河宗氏"（黄河之主），后来顺黄河南下进入山陕二省。比如，铜器铭文可以证明，姓冯的就是怀姓九宗的嫡脉正宗，就是山西的土著。他们和新来的主子（当年的陕西人）世代通婚，才有今天的山西人。比如山西绛县的横水大墓，就是毕公家的女孩（这一支，就是魏国的前身）和当地的冯伯结婚留下的墓。女的比男的更气派，荒帷（棺罩）绣着大凤凰。

公元前770年，秦襄公护送周平王东迁洛阳。他到东方投靠谁？主要就是晋国。十二诸侯（其实是十三诸侯），三百年战争，最后剩下的超级大国是谁？主要是晋国和楚国。

岳麓书院的对联，"惟楚有材，于斯为盛"，那是清代的盛况，曾胡左李时代的盛况。《左传》上的原话是什么？"虽楚有材，晋实用之"。楚国，贤臣叛逃，不是上山西，就是奔江苏。

战国，三家分晋，留下赵、魏、韩。

魏是毕公（文王之子）的后代，早期活动于晋南，以及龙门口下的黄河两岸，主要在晋西南和黄河对面司马迁的老家那一带，古人叫河东、河西。秦夺河西后，魏才把重心东移和南移，向河南中部发展，最后定都于开封。

韩是曲沃桓叔之后，原来也在晋南，后来不断向南发展，占有今河南西部，包裹着洛阳，最后定都于新郑。

赵不一样，它是嬴姓。嬴姓的老巢是曲阜，周公封他的儿子伯禽于鲁，鲁是孔子他姥姥家。赵是商代末年，替纣王戍边，从山东来到山西的移民。赵以养马出名，最初在赵城，守着霍太山（霍山），后来去太原，北上；后来去邯郸，东迁；后来伐取中山伐取代，眼睛盯着北方。它和韩、魏不同，属于北上派。秦是从赵分出，西周时候，支边支到大西北，五百年后才杀回来。

这三家都不是土著。土著去了哪儿？耐人寻味。

狄分赤狄、白狄。

上面说，白狄的后代最有名，春秋叫鲜虞，战国叫中山，他们活跃于滹沱河流域。中山都灵寿。灵寿古城在平山，靠近井陉口，靠近石家庄。

赤狄的后代是谁？《左传》有东山皋落氏、潞氏、甲氏、留吁、铎辰、廧咎如，他们住在哪儿？很多都在晋东南。

鬼方的后代，原来住在晋南，后来去了晋东南。

五胡十六国，我们老家出了个石勒皇帝。他是"从奴隶到皇帝"，原先是个马贼。北魏和北齐，也是少数民族统治。

山西大有胡气，岂止这一段？早先就如此，后来也如此。

元代是世界市场的开拓者。

晋商做国际买卖，还是北走胡地，上蒙古和俄罗斯。

山西是个好地方，东南西北四大块，晋东南是很有特色的一块。

我讲三个闪光点：

第一，太行山是天下的脊梁，山水雄奇，战略要地，研究地理，研究环境，不容错过。

第二，它文物古迹多。这里离安阳近，离邯郸近，离邺城近，离洛阳近，历朝历代的东西都有。北魏以来石窟多，宋元以来古建多。研究历史，研究考古，不容错过。

第三，山西人最重盖房子，"嘴里挖下，也要盖地方"。民居，石雕砖雕、琉璃烧造，非常漂亮。研究风土人情，研究民间艺术，也不容错过。

岁月无情，现代吞噬着古代。

登临凭吊，时不我待。

你不想去看看吗？

走吧。

2009年3月19日写于北京蓝旗营寓所
（原载《华夏地理》2009年5月：《国宝山西》特辑）

上党从来天下脊

上党从来天下脊
——晋东南访古记

　　山西是个浑然天成的地理单元。这块土地，从地图上看，左右两竖边，上下两斜边，是个拉长的菱形。它被山带河，东有太行山，与河北、河南分；西有黄河，与陕西分，南有中条、王屋二山，与河南分，不假人为划定的边界，就可以同四周的邻省切割开来。它像个瓶子，瓶壁、瓶底是封死的，只有大同方向是个瓶口，遥通蒙古草原。

　　山西全境，以太原和井陉一线为界，可以分为南北两部分。以汾河和穿行五大盆地（大同盆地、忻定盆地、太原盆地、临汾盆地和运城盆地）的同蒲路为隔，东西也不一样。我们所要考察的晋东南地区，主要指山西南部的东半，包括今晋中、长治、晋城地区，特别是长治地区。

　　这个地区，古称上党，苏东坡说过，"上党从来天下脊"（《浣溪沙·送梅庭老赴潞州学官》）。它是天下的脊梁。太行山像一道屏障，立在河北、山西之间。

　　太行山是一道屏障，把河北、山西分开，但这道屏障，有很多出口。如太行八陉就是这道屏障上的八个出口。井陉以上，军都、蒲阴、飞狐三陉，是北门锁钥、幽燕之吭，主要与北京、大同相通；以下，滏口、白太行、轵关四陉，通冀南豫北，也是战略要冲。其中滏口陉是去临漳、安阳和邯郸的通道，白陉是去辉县、淇县的通道，轵关陉、太行陉是去洛阳的通道。这四个出口，滏口陉和太行陉最重要。

奥运期间，8月10—20日，应山西武乡县邀请，我打算回老家跑一趟，圆一下我的寻根梦。《华夏地理》杂志的叶南先生组织了这次考察。参加者除我和叶南，还有《华夏地理》杂志的摄影师赵刚，以及梁鉴、孔震、王岭和许宏。

下面是我的考察日记。

8月10日，有雨，太原。

今天是星期天。上午10:00，叶南来接，驱车前往山西。走前，怀璧（我老家北良侯村的一个哥哥，住在段村）来电话，问何时到段村（武乡县城）。

奥运期间，路上车很少，但有雨。

车到井陉口，雨停，雾蒙蒙，直到进了山西，天才放晴。午饭是在一个休息区吃的。

到太原，宿锦江之星，一家商务酒店。

明天是星期一，博物馆不开门。给山西人民出版社李社长（李广洁）和山西省考古所宋所长（宋建忠）打电话，约明天见面。

晚饭在酒店旁边的饭馆，吃山西打卤面。

所有人到齐，跟大家讨论考察路线和考察目标。

[备课]

（一）考察路线

（1）从大同到洛阳有一条古道，基本上是顺208国道山西段（大同—太原—太谷—祁县—武乡—襄垣—长治）和207国道山西段（长治—高平—晋城），经河南济源到洛阳。抗战期间拆毁的白晋铁路（起祁县白圭镇，终晋城）就是沿208国道走。

（2）这条古道穿晋东南，从襄垣县分叉横出，走黎城、涉县，出滏口陉，也有一条古道，可去河北的武安、磁县、临漳和邯郸。

这两条古道，一纵一横，略如"卜"字形，南可去河南，东可去河北。我们先去武乡，住武乡，顺便去沁县；再去长治，住长治，顺便在长治周边活动；最后，从黎城去河北，从河北回北京。

（二）考察目标

主要是北朝石窟和唐宋金元古建。

（1）武乡的故县、故城和故城附近，还有沁县北部

武乡的特点是横长竖短（东西长150公里，南北最窄处只有10公里），东高西低。无论从地理单元看，还是从历史沿革看，都很明显是分为两块儿，俗称东乡和西乡。东乡，属西晋的武乡、北魏的乡县，主要在浊漳河的两岸，历史上和榆社关系更大。西乡，是战国秦汉的涅县，主要在涅水的北岸，历史上和沁县关系更大。

东乡的中心是故县（武乡县的老县城，抗日战争中被日寇焚毁），故县有传说的"石勒城"、"石勒寨"和普济寺遗址，县里的马生旺同志多次来电话，要我去考察。

西乡的中心是故城镇。故城和故城北有三座古寺庙：故城镇大云寺（国保）、东良侯村洪济院（国保）、北良侯村福源院（北朝菩萨像为省保），故城西有良侯店石窟。北良侯村是我的老家。

武乡的西乡，南面是沁县，208国道从武乡西侧的山谷穿过，入沁县境，转为开阔。现在的沁县，北部属于古代的涅县，南部属于古代的铜鞮。古代的涅县在涅水两岸，故城镇是古涅县的县城，这个县的中心。武乡的西乡是涅水北岸，沁县的北部是涅水南岸。武乡的北涅水村和沁县的南涅水村只有一水之隔，正好在烂柯山下，一山跨两县。著名的南涅水石刻和洪教院就在故城镇的西南。开村普照寺、郭村大云院，则在今沁县县

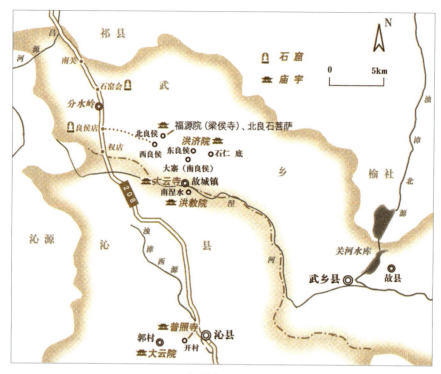

武乡访古经行示意

城的西面。

208国道两侧,故城镇的南北,是一个重要的寺庙群。

(2) 长治附近

我想看两个博物馆:长治市博物馆和黎城县博物馆。长治地区出土过不少商代铜器,东周这一段,挖过分水岭的赵墓。

叶南是学建筑的。他的兴趣是古建。他提出,我们应该在长治周围把最重要的古建看一看。另外,高平县的羊头山石窟也一定要去。

以上,除高平市属于晋城地区,其他属于长治地区。

（3）从河北回北京，一定要去临漳县的邺城看一看。

8月11日，晴，山西省考古研究所、山西省艺术博物馆和山西国民师范。

上午，去山西省考古所拜访宋建忠所长，跟他请教山西考古，特别是晋东南的考古，韩炳华在座。我送《九州》第四辑和三篇文章给宋所长。宋所长送我《山西省文物地图集》（三册）和《山西碑碣》（一册）。

张庆捷先生后来，向他请教石窟寺。他说，前一阵儿，他与日本学者搞联合调查，刚刚走过太原—洛阳一线和黎城—邺城一线。我以前跟他讲过北良侯村的发现，他说，他还特意去过我们村。良侯店的石窟，他说，这是晋东南最早的石窟，年代在北魏迁洛之前。出发前我给他打过电话，说要向他请教。他说10号下午，他一直在等我的电话，我没打。我说真对不起。最后，谢尧廷副所长也来了。

中午，山西省考古所在迎泽大街金蓉之家（金融系统的酒店）请饭。

饭后，几位先生陪着，一起去山西省艺术博物馆（在纯阳宫，太原人一般称为"吕祖庙"）看石刻，希望对山西的佛教造像有一点印象。薛馆长接待，很热情。我早先来过这地方，不止一次，印象还有一点儿。

分手后，小韩陪同，去山西国民师范旧址。所谓旧址，其实是个压缩的旧址，不但范围被压缩，大门也是重修，从原来的位置向后退了好大一段。我从展出的老照片看，校舍一排排，占地极广。馆内只有"薄一波生平事迹展"。我想买点有关史料，找到该馆书记，他说没有，早先的历史，他也不了解。

然后，去山西出版集团。路上，把小韩放下。

到出版集团，见到李社长，得书三种。他们订了晚饭，在山西会馆。在座者有出版集团老总齐峰、李社长、杜厚勤、张继红。

晚上，给小晋（武晋元）、小平（武平原）打电话，让她们约乃文

（武乃文）和高纪古见面（都是我爸朋友的孩子）。明天中午到山西省博物院碰头，一起吃个饭。

[备课]

张庆捷先生说，山西的石窟，晋北，除云冈石窟，很少；晋东南，很多。

晋东南的传播路线，太原去洛阳是一条线，太原去邺城是两条线。

太原到洛阳是走太谷、祁县、武乡、沁县、襄垣、长治、高平、晋城、沁阳到洛阳。

太原到邺城，北线是走太谷、榆社、左权、黎城、涉县、武安、磁县到临漳；南线是走太谷、祁县、武乡、襄垣、黎城、涉县、武安、磁县到临漳。

8月12日，晴，山西省博物院。

8:00吃早饭。饭后退房。给小平打电话，确认见面时间和地点。小韩，9:00已在博物院等。我们9:30才出发，到晚了。

先看三晋出土文物展。博物院有12个展馆，只看了早期的展馆。

中午，石金鸣院长请饭。我说，我和几个朋友约好，他说，干脆合并，由他们请，真不好意思。叶南他们是和王晓明副馆长一起吃。

乃文、小平、小晋和高纪古到。高大哥是第一次见面。小平送《武光汤文集》。

下午，看晚期的展馆。

4:00，走高速，去武乡，直奔段村。一路穿隧洞，6:30到，见马生旺，宿武乡宾馆。

晚饭在大饭厅吃，家乡饭，大家都说好。怀璧来。

饭后，武乡县文管所的老所长王照骞来，听他介绍武乡的文物古迹。

北良侯石菩萨（北齐）

[备课]

故城镇是战国和汉代的涅县，有遗址、墓葬，地面上还保留着残墙。

故城镇有大云寺，大云寺以北有洪济院和福源院。

（1）北良侯村的寺庙

北良侯村，原来只叫良侯。它东面的村子，原来叫良侯东，现在叫东良侯村；西面的村子，原来叫良侯西，现在叫西良侯村；南面的村子，原来叫良侯南，现在叫大寨。

北良侯村的寺庙，位置在村北的高地（俗称"圪垯"）上，包括正楼和东西配殿，南面旧有钟鼓楼，现已无存。原来的小学和队部在它的西面。此庙是元大德七年（1303年）赵城大地震后重修，当时叫瑞云禅寺（据残存的元代地震碑）。寺前有卧龙泉，故明代改名管泉院，清代改名福源院。明清两代，这块高地上还陆续修过戏台、卷棚、众神殿、奶奶庙、娘娘庙、土地庙、观音堂、文昌庙等建筑，1947年后，陆续被拆（李秀璧编《北良侯村志》）。

寺庙东面有一石刻菩萨像，为北朝遗物，高3.45米，莲座高0.44米，宽0.92米，通高3.89米，是省保文物。1975年，这座石像后面的土崖，水土流失严重，石像有倾倒坠落之虞，省里拨款，打算将石像南移，修盖保护建筑。当时，我还在老家插队，参与过这一工程。我和李保民（当时是大队革委会主任，我的好朋友）等人一起干，有重要发现。我发现，石像是插在地面下的莲花座上，用铁钱衬垫。我们挖开石像周围的地面，一直挖到砖砌的地面，当时出土过一块北朝残碑、一块造像塔石和几件佛头。残碑提到，此庙旧名梁侯寺。

原来，"良侯"竟是"梁侯"，我们这一带的四个村子全是得名于这座寺庙!

石像很美丽,可惜村民无知,1989年竟将石像油漆彩画,惨不忍睹。

据村民回忆,此庙原来还有一件红砂石的佛像,只有1米多高,非常精美,1936年被驻扎故城镇的一支军队派人抢走,当时拳房中的村民曾试图拦阻,被开枪打伤。

1998年3月31日凌晨两三点,有文物贩子停车于东晨沟水库坝上,潜入村中,将佛头凿下,幸被村民发现。贼人逃走,未能得逞。

(2) 北良侯村周围的寺庙

西良侯村的大水峪,旧有瑞云禅寺(与北良的庙同名),据说建于明末清初,1947年拆毁,改建油房。

东良侯村,有洪济院,原来是小学。寺前有戏台,寺内有正殿、过殿和东西厢房。正殿是金构,过殿是元建,殿内有壁画,绘于民国三年(1914年)。

此庙的后面,西北角有个千佛塔,是北朝遗物。

大寨,据说原来也有庙。

(3) 故城镇大云寺

原来是东汉涅县的治所。北齐河清四年(565年)重修,旧名严净寺,宋治平元年(1064年)改名大云寺(见该寺正殿南墙上的北宋石刻)。

8月13日,小雨,"石勒城"、"石勒寨"、普济寺旧址,武乡文管所。

早饭7:30。一大早,李云生(我在县广播站当播音员时的同事和老朋友)来敲门。多年不见,真高兴。一起吃自助餐。

饭后去故县,除李云生,还有王照骞(县文管所的老所长)、李驰骋,武乡《乡情》杂志的一个人,以及北良侯的李怀璧。

普济寺石菩萨

(一)"石勒城"、"石勒寨"

故县旧城在段村东的一块高地上,前为"石勒城",后为"石勒寨",风水很好。此城此寨,北依北原山,前临南亭川,浊漳河绕行其西、南两侧,确为形胜地。

先看"石勒寨",在旧城背后,寨墙是用石块垒砌。

小雨中,抬头蓦见,高坡上有一砖塔,原来是高沐鸿墓,惊为神遇。高伯伯是爸爸的朋友,狂飙社著名诗人。

再绕到前面的"石勒城"。此城和常见的城不同,不是用城墙围起的平地,而是用石块垒砌的高台。此城,抗战中被日寇焚毁,县衙旧址,现为故县中学。

过"龙门"旧址,见带"城工"字样的方砖。

故县东墙,墙很高,墙脚下有"石〔勒城〕东城旧基"碑("勒城"二字已残)。

东墙东面是东河沟,远处可见一土圪垯,是传说的"石勒出生地"。

(二)普济寺旧址

"石勒城"的西墙,西面有个西沟垴,所谓"垴",是用石块护崖的高圪垯。垴上是普济寺(以在县西,也叫"西寺")旧址,立有"丈八佛",据说是北魏遗物。石像的头饰,很精美,可惜面部风化。此像,地面高度约4米,看不到脚,最宽处94厘米,厚度没量。"文革"中,村民将石像拉倒,重新立起,方向弄反,本来应该脸朝南,现在脸朝北。像的右手有个杆子,上面拴两个喇叭,前边摆个石盆,当香炉用。石像系红帔,照相时解掉,照完再系上。

从西垴下来,发现南面护崖的石壁里面有文物(两块造像塔石)。

回到故县南面的公路上,李云生跟路人打听高沐鸿的旧宅,他说他去过,记不清了。我们转过一个戏台,不是。最后总算找到,原来是刚才在路边看见的一个门:琉璃门脸,门上带金鹰猫眼(当地流行这种猫眼)。云生说,这就是1933年我爸爸在武乡建立共产党组织的地方。高家把房子卖了,现在已面目全非。

中午,回武乡宾馆吃饭,县委副书记,姓徐,设宴款待,县长来敬酒。

午睡约半小时。

(三)武乡县文管所

2:30去文管所,所长姓刘,副所长也姓刘,都是女士。

重要文物:

(1)晚商铜器,两瓿一壶,碎片一堆,未修,出于段村南三四里的阳城,同出有海贝9枚。

(2)战国铜敦,一件,盖上有三环纽,缺二存一。

(3)战国布币,为平阳布、宅阳布、屯留布、安阳布,共16枚,蟠龙出土。

(4)佛头三件,甚大。

(5)北齐造像碑。

(6)无头坐像6件。

(7)造像塔石1件。

其中(4)(5)是大云寺落架重修时发现。(6)(7)是不是,忘了问发现地点。

北齐造像碑,有"大齐河清四年"款,显然就是《武乡新志》(1928年编)说的"大唐河清四年"碑。"河清"是北齐年号,不是唐代年号。由此可以证明,大云寺的前身是北朝寺庙。

拓北齐造像碑,录文核对。正厅内有个电视,没事的人都在看奥运。

约6:00,事毕,回武乡宾馆。我和武乡的老同志一起吃,年轻人不愿意和我们同吃，去大饭厅另吃。

晚饭后，怀璧带其妻弟来，打开一包东西，全是假文物。

8月14日，晴，良侯店石窟、石窑会石窟、大云寺、涅县古城、福源院、洪济院。

7:30吃早饭。社雄表兄（我三舅的孩子）来，搭我们的车，回石人底（我妈妈家）。同行还有怀璧哥、李云生、籍建军。今天的任务是两窟三庙。石窑会石窟，以前未听说。

段村到西乡的路，基本上是傍涅河（即古涅水）北岸走。这条路，过去经常走，多半是骑自行车。车过故城镇，过五峪（我姨家）、河底、南沟（我三姑家），路过南沟水库，然后爬高，上208国道。

208国道正在修路，需要绕行。不久，到达权店。

过去上太原，必在权店上车。权店是个大站。当年，我曾翻山越岭把我在内蒙插队的书从这里担回村里，也曾翻山越岭帮晓敏（我三叔的女儿）担梨到权店卖。往事一一苏醒。

这条路，是古代的官道，沿途的南关、石窑会、分水岭、良侯店、勋欢，都是古代的驿站。良侯店和石窑会都在这条线上。沿途可见白晋铁路的桥墩。有个桥墩被拦腰炸裂，但居然没塌。这叫破袭战，咱八路军干的。

（一）良侯店石窟

先去良侯店。石窟在路东，内有造像八区，正面和左右各有坐像二，正面和左右夹角内又有立像二，均有彩画痕迹（旧有，并非新绘），可依次编为1—8号。5号和6号之间，石壁上有题记，已经看不清，似作：

唯正□□贰（？）年肆（？）月
………………………………重修
………………………………
………止（？）………………

良侯店石窟老照片（李云生 提供）

良侯店石窟

这些像，头全被凿掉。我跟一个姓郭的村民打听，他说8号的头是"四清"那阵儿毁的。这以后，1983年修路，破坏过一次；1985年，又破坏过一次。李云生给我的老照片，上面还有头。

　　石窟外面的山崖上，还有几个小窟。斜对面（西北方向）的山崖上，也有一些石刻。郭姓村民说，斜对面的山崖，原来刻有"国泰民安，□□□□"八字，当地叫"八字崖"，1973年因为铺柏油路，被炸毁。路边有一块炸下来的石头，上面有小佛和供养人题记，浇水后依稀可辨，作：□欢、□和、葛息□、□全祖、□、□洪、张罗嘉。

（二）石窑会石窟

　　再去石窑会，经过分水岭。208国道经过的地区属于分南乡。分水岭就是分南乡的乡政府所在。车行至此，云生下车告我说，路西的开阔地就是昌源河与涅河的分水处。昌源河北流，入祁县，再向西流，注入汾河。涅河从分水岭发源，东南流，穿过武乡西部，在关河水库南注入浊漳河。

　　怀璧说，分水岭到北良约30里，到木则沟约15里。木则沟现已废弃，是北良侯五甲李氏的祖居。怀璧考证，我是五甲第15世。

　　我的根在西边的大山中，远远望去，不知在哪里。

　　石窑会石窟，在良侯店的北面，石窟前面挂着红灯笼。石窟内的佛像被油漆彩画，惨不忍睹。

　　良侯店，与北良侯、西良侯、东良侯、南良侯（大寨）四村都以"良侯"为名，耐人寻味。出发前，从地图上看，良侯店和西良侯，中间有条小河，如果从山路走，直线距离并不远，我怀疑，顺河走，必有小路，一问果然。路过良侯店，怀璧下车，把去西良的路口指给我看。他说，他父亲从前在这边当老师，走过这条路，但记不清了。他跟路人打听，问出的路线是：

石窑会石窟老照片（李云生 提供）

石窑会石窟

大云寺三佛殿（宋构金修）

沙沟—马圈沟—果则沟—尖沟—范家五科—西湾—西良。

顺山间小溪走，全程只有10里。

回来，在故城镇吃饭，又见李镇长（2004年见过）。

(三) 大云寺（宋—清）

饭后，看大云寺。这是第三次看大云寺。

第一次是1984年，和张木生、唐晓峰、傅云起一起。当时是粮库。

第二次是2004年，大云寺的南殿，右角已塌。南墙中间当门处，封砌的砖墙开了一个洞，露出封存的碑，两旁，贴着墙基，各嵌四个碑额，当时拍过照片。

2005年10月底，国家拨款150万元，对大云寺落架重修。100万用于土建，50万用于壁画保护。当时在正殿梁上发现金大定十五年（1175年）落架的题记。武乡文管所藏的三个佛头和北齐造像碑就是从南殿的东墙根

涅县古城

下发现。

　　这座寺庙，门在东南，有南殿（观音菩萨殿）五间、正殿（三佛殿）五间、东殿（十八罗汉殿）五间、西殿（阎罗殿）五间，正殿后面还有一排房子。正殿是宋构，南墙西面嵌有北宋石刻，殿内四壁图绘，当中有个莲花座。东西配殿是明代的建筑，每根石柱都有施主姓名和年号。武乡文管所的三个佛头，应该就是三佛殿中的东西，身子不知在哪里，莲花座也少了两个。

　　拓北宋石刻，上好纸，用胶条固定，打算回来再拓。

(四) 福源院（元—清）

　　出故城镇，去北良，看福源院。

　　路边，谷子地里，有一段涅县古城的残墙，捡完整筒瓦一件。

　　经东良，回北良。灰嘴水库已干涸见底，东晨沟水库还碧波荡漾。

涅县古城墙体中的筒瓦（正面）

涅县古城墙体中的筒瓦（背面）

学校、队部的旧址，破败不堪。当年，我在这里教书，就住在这里，耳边还有当年的歌声和读书声。

大家在保民家的门道内拓北朝石碑，在正殿后的土坡上拓元朝地震碑，为北朝石佛和元朝的琉璃屋脊照相。元朝地震碑，除了这块大的，还有一块小的，我记得是在丑女家的房基内，但村里人查过，并没找到。北朝石像，像个蜡人，很难看。我们盖的保护建筑（过去拍过照片，样子还行）已拆掉，换了新的。我挖出的东西还在。

晓敏陪我到祖坟上看了一下。爷爷的碑掉了一角（左下角）。叶南和云生一起去。从塬上往南看，可见"土林"环绕，有如南方的石林，沟底是绿油油的庄稼，东晨沟水库，水平如镜，远远望去，很美。

有人拿佛头来，还有人拿我当年刻的印章来。当年，我给全村人都刻过印，木匠把一块梨木板裁成小条，再锯成无数小块，大家领粮食、土豆，全用我刻的印。

福源院西殿是元构，琉璃脊刹有"泰定元年"（1324年）题记。地震碑记载，这是大德癸卯（1303年）赵城大地震后所修。

赵城大地震，死了很多人。我们村很古老，但我们并不是原住民，大家都是搬来的。

我们老家，李姓分属三甲、四甲、五甲，都是移民。怀璧编过《北良侯李氏家谱》（自印本，2005年1月）。该书序言说，旧谱有二，都是清朝编的。一

北良福源院

种是雍正十年（1732年）李唐靖编的《李氏家谱》（三甲、四甲的家谱），一种比它晚70年，是李攀桂编的《李氏家谱》（四甲的家谱）。这次都看到了。三甲、四甲是从北良侯村北面的胡庄迁来，五甲祖居木则沟，原属武乡县贾封约，后归平遥县，也已无人。五甲家谱失传。

想到汶川地震，我就想到了自己。

(五) 洪济院（金—清）

然后去东良，看洪济院。《山西省文物地图集》说此庙始建不详，庙后的千佛塔年代也不详。张庆捷先生说，千佛塔是东魏的东西。我怀疑，北良、东良、南良、西良四村，是以北良的梁侯寺为中心，这个寺庙群是沿武乡西侧的官道，从良侯店石窟发展而来。

院子南边，有个戏台。空场上，原来有个篮球架，我和保民在这儿打过球。

叶南把社雄表兄送回石人底。我妈妈村叫这个名，大概和北良石像有关。北良石像在西边，在高处，石人底在东边，在低处。

回到大云寺，原来上的纸已经脱落，没法拓，天色已晚，只好返回。幸亏有上纸后跟手拍的照片。

洪济院（金构）

车到段村，天已黑，找个地方吃饭，聊了一阵儿。我和老家的人在一桌。

8月15日，晴，南涅水石刻博物馆、普照寺、大云院。

一大早，李云生、马生旺、李驰骋来。7:30吃早饭，李怀璧来。同桌还有《三晋日报》的女记者，特意从太原来，我说，采访就不必了，谢谢。

饭后，和武乡县的老人合影，其中有《程氏家谱》的作者。

到王照骞家（在八路军纪念馆的西边）取明清地震碑的拓片两种。山西大地震，元大德一次，清康熙一次，最有名。它们是记明清时期的另外两次地震。研究山西古建，必须研究地震。

去沁县，过松村，路过骈宇骞的老家。他的网名是"松村一郎"。

马生旺介绍，到县志办找马留堂。他不在，他女儿在。留下话，先去

东良千佛塔　　　　　　　　　　南涅水石刻

二郎山南涅水石刻博物馆。

(一) 南涅水石刻博物馆

沁县有两个国保：普照寺、大云院；三个省保：洪教院、南涅水石刻、阏与古城遗址。

南涅水石刻最重要，但搬离原址建馆，失去国保资格。当年，我去邵渠村我表兄家，从武乡北涅水村去沁县南涅水村，有个水阁凉亭。好像信义还是南沟，也有这种亭。洪教院和南涅水石刻就在故城西南，说是两个县，只有一水之隔。

博物馆在沁县南面的二郎山上，共有三个院。一个院，展沁县各地的佛教造像和碑刻拓片。南涅水石刻，单独一个院，有六个展室，文物760多件，年代从北魏、北齐一直到唐宋时期。大批的造像塔石，非常精美，第四展室，两件顶部有檐，一件是两面坡，一件是四面坡。

南涅水有洪教院，正殿是金构，住持来自大云院。

看完石刻，返回县城，见马留堂，一起拜访梁晓光老汉，获赠《沁州碑铭集》。

中午，在县委宾馆吃饭，都是家乡饭，非常好。

饭后，去普照寺和大云院。两寺在208国道西侧，与县城在一条横线上。

（二）普照寺（金）

先去开村普照寺，跟村人打听，找到李书记，他把门打开，领我们从学校里绕进去。院内只有一个殿，据说，此庙始建于北魏太和十二年（488年），今庙是金大定年间重修。

（三）大云院（金—清）

再去郭村看大云院，看门的不在，等了很久。打电话，他说他在办丧事，来不了。最后求了半天，答应付钱，他才骑摩托来，小叶给他20元，他说他是义务保护员，不挣钱，我又摸出18元给他。

开门，可见正殿三间，正殿是金构，殿内有壁画。院内种满庄稼，西侧有碑，一块是金崇庆元年（1212年）的，经过改制，背面刻字，成为烈士碑。另一块无字。

此庙据说也是始建于北魏，金大定二十年（1180年）奉牒题额"大云禅院"。

这两座庙和洪教院都属于涅县。

看完此庙，原路返回，从武乡上高速，去长治。

沿途环境不错，路边的黄土发红，有点像南方，土层中夹着料姜石。

夜宿鹏宇国际大酒店，在二楼吃饭。饭后下楼，在大厅见李步青（邵渠村火生表兄的孩子，和我同岁，晋城党校的校长）。他妻子和孩子都来了。回房聊到12点。

16日，阴有小雨，长治市博物馆、法兴寺、崇庆寺、护国灵贶王殿。

早饭后，退房，行李装车，去长治市博物馆。

（一）长治市博物馆

宋所长、小韩打过电话。见张晋皖馆长，参观博物馆。展品主要是长治分水岭和潞河墓地的精品。其他展品，按石器、陶器、玉器、铜器、瓷器分类。张是书法篆刻家。

晋东南出土的商代铜器，是长子北高庙、长治西白兔等地出土。这些铜器从哪儿来？滏口陉应该是重要通道。

（二）法兴寺（唐—清）

在长子县慈林镇崔庄北，原名慈林寺，始建于北魏神瑞元年（414年），依山而建，前低后高。我们到的不是时候，管事的人出去吃饭，我们吃了闭门羹。后来，有工人从门里出来，我们趁机钻进。他们把我们锁在庙里，让我们参观，等管事的人回来再放我们出去。

入山门，可见前低后高两个院落。前院是新修的石舍利塔。后院，北有毗卢殿，南有圆觉殿，毗卢殿两旁的配殿，现在是碑房，里面有不少碑。东房有唐咸亨四年（673年）碑和宋元丰四年（1081年）碑，最早。

下午3:00，在路边小店吃饭。

(三) 崇庆寺（宋—清）

在色头镇璩村北，过牌坊，上紫云山腰，左转再右转，终于到达。从侧门入。门内有清咸丰年间的碑一通。院内有过殿（天王殿），正殿（千佛殿），东、西配殿（卧佛殿）。

过殿，脊刹有"咸丰元年"字样。屋檐两侧有铁钉构成的铭文，可见"西沟合社"等字。东配殿有戗檐砖雕的小戏台。

正殿左后和右后，还有两个殿，左边的殿内有塑像，用铁栅栏遮护，不许拍照。

(四) 护国灵贶王殿（元—清）

前后两个院子，十分破败。有清碑一通，述此庙建于宋宣和四年（1122年），明万历和清顺治、康熙三次重修，西南植白松数十株，东南有戏台五楹云。

庙南可见白松，庙东南是个平场，隆起的一块是戏台，有柱础一，留在地面。寺庙，一般都把戏台修在庙门外。此庙南面临坡，没有空地，故修在东侧的南半。

夜宿逸家商务酒店，7:30在楼下吃晚饭。

17日，大热，羊头山石窟、清化寺、古中庙、开化寺。

去高平，看一窟三庙。

(一) 羊头山石窟（北魏—唐）

羊头山由两个山头组成，形如南方的椅子坟，中间凹陷，有个长长的水池在山下。北大有"风水国际大师"，专好这种风水，美其名曰"玄牝"。

先到神农庙，买票（30元）上山。门票上有示意图。

拾级而上，山路两侧长满一种带小红果的灌木，到处可见马陆在爬行。

羊头山石窟

石窟有九处，1—6号在定国寺下的山路两侧，7—9号在山顶。所谓石窟，不是凿于崖壁，而是用滚落的巨石雕刻。

5号窟有千佛碑，有一只马陆在碑上爬。碑的右下有"大魏正始二年（505年）"题记。

半山腰，定国寺遗址，正在大兴土木，盖新寺。

再上，爬到山顶，有祭天台，也是新筑。台在两山中间，左右各有一条路。

往左，沿山脊东行，可至秦高岭，看北魏到唐代的造像塔。南塔有造像，北塔没有。看不见"秦垒"，可能就在山脊上吧？

往右，有三个石窟。7号较小。8号仰面朝天，洞口朝上，斜置，估计是从山顶滚落。9号在它们的上面，埋在草丛中。

下山，看神农庙，神农的形象很滑稽。

今天，太阳很晒，把皮肤晒红。腿疼，膝盖很难受。这种经历有三次，一次是爬喀纳斯湖旁边的山，一次是爬五女山城，这是第三次。看来，真的老了。

中午，在小镇吃卤面，饭后打听清化寺的位置。

（二）清化寺（宋—清）

清化寺是一破旧院落，主体建筑如来殿是宋建元修，屋顶坍塌，里面睡着河南商丘和安徽来的民工。取小望远镜，看脊刹题记，正面是"嘉庆九年"，背面是"四月十五日"，可见是清代重修。

殿的右侧有一清碑，说此庙始建于唐。

（三）古中庙（元—清）

在神农镇下台村。高平炎帝庙有上中下三庙，此是中庙，沿途问路，转了一圈，终于找到古中庙。大门紧闭，跟附近村民问张支书的电话。支书来了，人很好，给我们打开门。门开在东北角。

入门，可见戏台。穿过前院，是庙门。进门不远，有一无梁殿，很小，南北有门，张支书说，打开南门，可以坐在屋里看戏。院子里的地面是用石条铺砌。

建筑上有很多测绘标记，据说是搞古建保护的人所为。庙中没有太老的碑。

庙门，门墩和柱础被用泥糊起，支书把泥扒开，露出原形，非常精美。两边的建筑，戗檐砖雕也很美。有明天启二年"炎帝中庙"额的地方是原来的入口。

戏台是1977年重修，据说比原来大了很多，空场两侧有排房。大梁上有1977年落架的题记。

给支书钱，他不要，说我是干部，群众见了多不好。

出古中庙，看民居，有个五层碉楼，内有井。附近的房子都很老，台阶和窗户，都有雕刻。

张支书说，这么好的村，无人光顾，都是因为村名晦气，当官的见了就躲（害怕下台）。

(四) 开化寺（北宋—清）

膝盖疼，前面有180级台阶，望而生畏。年轻人说我腿脚好，惭愧。

穿大悲阁，见大雄宝殿。殿为宋构，内有精美壁画，出民间画师郭发手，后墙石柱上犹有"匠郭"等字，即郭发所题，泥墙上并有明宣德五年（1430年）题记。

出来，用小望远镜看大悲阁的脊刹，两面有字，正面是"开化寺大悲阁"，背面是"万荣县××乡××琉璃厂制"，乃近年新修的题记。万荣县有烧琉璃的传统。

大悲阁右侧，墙上有明天启年间的《重修开化寺大悲阁记》。

宋大观碑在大雄宝殿后。

日落，往回开。膝盖疼得厉害，一上一下皆疼。

时间太晚，没去长平之战遗址，甚憾。

18日，大热，考察原起寺、天台庵、大云院、龙门寺。

今天看四个庙。

太阳依旧很毒，山中尤热，涂防晒霜。

走207国道，穿潞城市，经微子镇，先到原起寺。

（一）原起寺（宋—清）

寺在潞城市辛安村东北凤凰山上，正好是浊漳河流经潞城、黎城、平顺三县的交汇处。

门在寺的东南角，入门，左手立一经幢，有"天宝□年八月一日"等字。此庙建于天宝六年（747年），大概就是根据经幢。

经幢的北面是一香亭，四根柱子，两根阳刻，两根阴刻，凑成一首诗：

雾迷塔影烟迷寺，暮听钟声夜听潮。
飞阁流丹临极地，层峦叠嶂出重霄。

亭西侧有三块碑。一块是1965年的文保标志碑。一块是所谓"天宝碑"，碑首雕龙，上半截是造像，左侧有"原起寺先师比丘张贵待佛"等字，未见年号，下半截是山西省文化局等单位磨去旧刻，于1957年加刻的《重修原起寺碑记》，背面是磨去旧刻，清嘉庆三年的题刻。守庙人称，这都是"烂人"所为。他说话是陕西口音。还有一块是宋千佛造像碑，仅存下半截。

香亭北是大雄宝殿，宋构。西有大圣宝塔（青龙宝塔），元祐二年（1087年）造，高17米。塔顶原有8个铁人，1996年被盗。东有配殿一。

出原起寺，下山，向东走，是"太行水乡"。太行山壁立于东，浊漳河从山下流过。这是个旅游景点，我们停车吃饭。

（二）天台庵（唐）

从"太行水乡"，穿过壁立的山崖，向东走，进入平顺县境。沿漳河走，不由得想起阮章竞的诗：

> 漳河水，九十九道湾，
> 层层树，重重山，
> 层层绿树重重雾，
> 重重高山云断路。

天台庵，在王曲村，原属实会公社，现属北耽车乡。找拿钥匙的人。来者身材短小，面色黧黑，口音极为难懂。他说，他看这座庙，一天只挣一块钱。

门，朝北开，入院，只有一殿一碑，皆唐代遗物。殿内空空如也，梁上有金龙。六根柱子，据说是五代所加。外面，四个檐角有支撑的柱子。瓦分三种：龙纹、兽面纹（分两种）和花瓣纹，有旧有新。守庙人说，这个地方是三县交界三不管。庙，1973年用作粮库，庙里的佛像就是那时毁的，撑檐角的四根柱子也是那时加的。它背后有一坡道，可能与粮食进出有关。前面是个空场。空场靠东，有通唐碑，龟趺头朝西。碑文字迹模糊，有界格，据说一面是记天台庵，一面是记东墙外远山上的庙。守庙人说，那山叫凤凰垴。碑的南面，院中间，有块烧香用的圆石。圆石的南面，还有一件八角形中间带圆孔的残石，可能是经幢。

然后去大云院。

（二）大云院（五代—清）

五代后晋天福三年（938年），初名仙岩寺。后周显德五年（958年）于寺外建七宝塔一座。地属潞城市实会村（俗称"石灰村"），背后是双峰山。入山门，左侧有宋碑一通，字迹模糊。前为弥勒殿，中间是大佛殿，西檐下有经幢二、碑四,其中一通是宋咸平二年(999年)《敕赐大云禅院铭记》,记太平兴国八年(983年)改仙岩寺为大云禅院事;东檐下有碑三,一通是明成化十三年(1477年)《潞州黎城县漳源乡石灰社双峰山大云寺重修记》,一通是万历元年(1573年)《重修大云禅院碑传记》,一通是2003年重修大云院的碑记。大佛殿的后面,地势较高处,还有一殿。山门外不远,路西有个塔。

中午,在路边小馆吃炒面,女主人称,她也是王曲村人,但说话易懂,不同于前遇之黑汉。

(三)龙门寺(五代—清)

驱车前往龙门寺。龙门寺也在潞城市。沿漳河走,风景奇美。罗泰的说法,"美得令人喘不过气"。路上,往山崖下看,对岸半坡立一石像,肌肉发达,想必是大禹先生。

龙门山壁立千仞,有如刀劈斧削。峰回路转,两壁左右峙。抬头蓦见,左壁有一巨大的天然凹陷处,即所谓"石门",右壁离得远,山脚下有一石窟,显得很小,隐约可见,有尊佛像立在里面。

再往前开,迎面有一八角亭,亭中有一块馒头状圆石。路右就是龙门寺。这是1996年的国保,集五代、宋、金、元、明、清六个时期的建筑于一处。此庙始建于东魏武定二年(544年)。山门(天王殿)是金构,左侧有成化六年《本寺山门四至峰铭记图样》碑,图上有"幡杆石",即寺院西南的小山头,上面有个旗幡。刚才看到的"龙门"也刻在上面。碑左刻有"至元四年(1267年或1338年)"等字,这是元代的年号。

大雄宝殿为宋构,左门柱,撕去对联,可见宋绍圣五年(1094年)题记,四隅石柱刻施主名。东北角的石柱则为金大定己丑(大定九年,1169年)县令李宴来游的题记,文未足,可能还有文字在石柱的另一面。大殿东西两面的外墙上有1958年的标语。

大雄宝殿和左右配殿的脊刹,两面都有文字,作"诸佛圣殿记"。

中路东侧有一殿,屋脊砖雕有字,作"进香"(左)、"皇帝"(中)、"朝山"(右)。

寺中最早的碑是长兴元年(930年)《天台山龙门院碣》,在桑海明所长家里。他说,这座寺庙,经常有贼惦记,他有办法,每次都化险为夷。

看完,出来,赵刚在小亭附近找他来时发现的化石,找不到了。

桑所长说,此路是后修,原来在山脚下还有一处石刻,现在封在路面下的一个洞里。我们钻进这个小洞,发现洞内的石刻还是金大定九年县令李宴来游的题记,开头是"县令李朝散留题",结尾是"大定己丑四月朔日野人李宴题"。

19日,晴,黎城县文博馆、邺城金凤台。

宋所长来电话,让我们到黎城县文博馆找赵馆长。问路,过三个丁字路口,才找到城隍庙,在县委旁边。

(一)黎城县文博馆

进城隍庙,找馆长办公室,屋里有一老一少。他们在做拓包。老者说,赵馆长去银行办事,不在,让我们等一等。大家在院里转了一圈。

赵馆长回,原来刚才的老者是他爸爸,前任的馆长。

二人给我们看了楷侯宰墓的有关材料。

此墓位于黎城县西关村塔坡水库南岸,2006年发掘。整个墓地,已探明92座大墓,其中大型墓4座,中型墓14座,其他是小墓。

M7出土鼎1、簋2、甗1、壶1、盘1、匜1。鼎、壶、匜有铭文。

以前,韩巍(我的博士生)转来韩炳华信,问这批铜器中的"楷侯"怎么理解。我回信说,就是黎侯。《尚书》讲"西伯戡黎"的"黎","黎",古书也作"耆"。上博楚简《容成氏》讲文王伐九邦,其中的"黎"是写成"耆"。楷与耆古音相同,是通假字。器是西周晚期的东西,未看原物，因为邺城那边有人等，来不及了。

路，比较平坦，经涉县、武安、峰峰矿区、磁县到临漳。这条路，高速还没修好。一入河北，顿觉气温升高，也闷一点儿。

王睿（我的博士生）联系好的王队长在路边等。上车，到他熟悉的一家饭馆吃午饭。

（二）邺城金凤台（曹魏）

王队长带我们到金凤台看文物。金凤台有两块牌子：临漳县文物保管所和临漳县文物考古队。

考古队的标本，有各个时期的瓦当：

（1）东汉的"富贵万岁"瓦当。

（2）东魏、北齐的花瓣形瓦当。

（3）前燕的半圆双目形瓦当。

（4）后赵的"大赵富贵"瓦当。

有一个大型的建筑构件，上有三个圜钱式铭文："大赵万岁"，很奇怪。还有一个北齐的莲花座，三个螭首形石刻，很精美。

门廊内有不少石刻：

（1）大柱础，内圆外方，120×120厘米，厚55厘米，中间开凿十字线，像汉阳陵的所谓"罗经石"。出土地点是邺南城外东南角，塔基以东的夯土台基上。

（2）螭首形石刻，完整的一件在国外展览，留下的是残件。

邺城分南北二城：邺北城和邺南城。邺北城，北面三门，东西一门，西侧是冰井台、铜雀台、金凤台。邺南城，东西南各三门。

文管所的王所长已经升任县文物局局长。王局长有个地下库房，有不少文物精品：主要是石刻造像和金铜佛像。

值得注意的是一件建武六年（公元30年）的石刻，很漂亮。王局长说，他是花50块钱从一个农民手里买来，时间在五六年前。当时社科院考古所的赵永红还在站上（他跟一个叫曾蓝莹的台湾女学者结婚，已移居美国），在报上发个消息，惹得安阳市的人来讨。据说，这件石刻是西门豹祠里的东西。

参观金凤台，文献记载高八丈，现在高11米。漳河，原来绕城西和城北走，后来改道，从城中间流过（自西向东流）。

夜宿邯郸宾馆（旧的市委招待所），大概因为热，夜里蚊子多。这次出来，第一次喂蚊子。早晨发现蚊香，已经来不及。

20日，晴，邯郸市博物馆、内丘县扁鹊庙。

这是最后一天。昨天路过赵王城，没下车。

今天的任务是：邯郸市博物馆、内丘石辟邪。8:00在宾馆吃饭，然后去邯郸市博物馆。

（一）邯郸市博物馆

全国各大博物馆都已实行免票，此馆不免票，门票5元，入门还查证件，很奇怪。收费有收费的好处，展馆空无一人，对我正合适。

展览分三部分：

（甲）赵国文化

有一点早期的东西，在这个展室。邯郸地区发现的商代族徽：夃、受、矢。

（1）赵王故城

有城壕，开启中轴线。

赵王宫城，即邯郸市南的赵王城遗址，来时已过。

大北城，是郭城，即博物馆一带（丛台遗址）。滏阳河绕城东和城南流。

（2）赵王陵

在永年和邯郸县交界处的三陵乡。赵王陵M2出过金缕玉衣的玉片、三匹青铜马和一件透雕夔龙金牌饰。

滏阳河的南面是磁县、临漳。

(乙)魏晋石刻

主要是武安、峰峰矿区、磁县、临漳、邯郸一带的出土物,非常精美。

(丙)茹茹公主墓、瓷器(磁州窑和邢窑)

茹茹公主墓展室,有兵马俑、东罗马金币和壁画等。

瓷器展室,有不少题诗的瓷器。这个展室有一通石碑,为《游滏水鼓山记》,值得细读。

看完展览,洗车、加油、打气,上高速。107国道与高速平行,县城都在国道上。

到永年,未发现赵王陵的标志。从高速下来问赵王陵,谁都不知道。后来才知道,赵王陵是在一个叫"黄粱梦"的地方,已经过了。

到服务区,买零食充饥,来不及吃饭。内丘一直在催。

(二)扁鹊庙(元—清)

2:00到内丘,见贾所长。文物所只是县旅游局下面的一个处。贾所长请吃饭,然后去扁鹊庙。庙在县西50里。石辟邪在扁鹊庙。

内丘属邢台,原名中丘,隋改内丘,后避孔子讳,加邑旁,县内凡书内丘,皆加邑旁。此县类似武乡,也是南北短,东西长。

沿路可见干涸的河床,没有水。地里缺水,玉米只有麦子高。

扁鹊庙坐北朝南,门前的河水是用水坝拦蓄,河上有桥。山门外西侧的建筑是重修,原来是元构。

入门,左边有碑廊。碑刻中有一通宋熙宁年间的碑,还有几通元碑。

石辟邪,和南阳的类似,足缺,无阳具,右翼残缺,头部也残缺,原在县城南出土,扁鹊庙盖好,移置于此。

大殿是重新落架,梁柱是元庙旧件,内有扁鹊像和十弟子像。

殿前有一对前立的石兽,与曲阜石刻艺术博物馆门口的那对石兽相似。

殿后有个奶奶庙。最后还有一座楼，完全是新建。

庙西有扁鹊墓，墓前有碑。

往南走，有一对明翁仲。东边一件色白，疑是后刻，但贾所长说是原刻。他送的《内丘县文物志》上说，翁仲是一文一武，但现在看到的却都是文官。

出扁鹊庙，当门的桥叫九龙桥。桥对面有九龙桥石柏和药石（明刻）。

庙西有高大山影。贾所长说，翻过这道山，就是山西的昔阳县，"文革"中，大家都是带着干粮到大寨学习。此山名鹊山，也叫太子山。

4:00往回走，奥运期间，进京检查很严，天黑才回到北京。

写在最后的话：

这次，真正跑调查，只有9天，凡历13县市，访古城遗址3、石窟3、寺庙16、寺庙遗址1、博物馆6、文管所1，行程2200公里。来的路重要，回的路也重要。

第一，晋东南的商文化从哪儿来？从安阳。我们在长治市博物馆和武乡县文管所看到的商代铜器，它们从哪儿来？走滏口陉。太行八陉，从安阳入山西，必走此路。

第二，商代的黎国就在黎城。黎城正当这条通道的要冲。黎城出土的铜器，不仅证明商代的黎国就在黎城，而且说明，西周灭掉黎国后，在这里封了黎侯，专门镇守这条通道。

第三，商周以后，这条通道也很重要。如五胡十六国的后赵，石勒出生于武乡，定都在邺城，经常往来于武乡、邺城之间，也走这条道。

第四，南北朝时期，北朝佛教艺术从大同到洛阳是一条传播路线（南北线），从长治地区到河北、山东是一条传播路线（东西线）。峰峰一带的响堂山石窟，还有远至山东的摩崖刻经，都属于后面这条线。

第五，抗日战争时期、解放战争时期，八路军、解放军从太行、太岳挺进河北，还是走这条道。这次往回走，黎城县有宣传品，说黎城是"邓小平理论发源地"；涉县有标语，说涉县是"第二代革命领导人的摇篮"，都是"遥想当年"。当年，我爸爸妈妈就是从这条路进河北，走黎城、涉县、武安、邯郸、邢台到正定，最后从石家庄进北京。我和我二姐都是在这条路上出生。1946年，我二姐生于武安。1948年，我生于邢台。

这是一条回家的路，让我想起我的父母，多少次在梦中。

我仿佛又回到了生命的起点，和他们的生命紧紧相连，和祖先的生命紧紧相连。

2009年3月15日写于北京蓝旗营寓所

（原载《华夏地理》2009年5月：《国宝山西》特辑）

虹梯关（陈新宇 摄）

上党访古记

最近，罗泰来北大讲学。3月28日他有课，29日我有课。清明放假，距离下次上课正好有一周的时间。3月29日—4月4日，我们结伴而行，坐飞机直飞长治，一则扫墓，一则访古。他说，二十年前我就跟他说起我的家乡，令他神往，现在终于成行。

3月29日，晴。

9:45，拉着行李箱去北大，罗泰在楼下候。10:10—12:00上课，罗泰在座。

中午，带罗泰看禹贡学会旧址和附近的雕塑。天安门广场有"孔子像风波"，北京大学有"老子像风波"。"老子像"原在光华管理学院新楼门口的右侧，瘦小，口吐长舌，牙掉得没剩几颗，原作标题是："刚柔之道：老子像"。对面立个莽汉，赤身裸体，高大威猛，原作标题是："蒙古人—站"。这种肌肉男，似曾相识，在哪儿见过，想不起来，最近大云山汉墓与犀牛共出，有个小人倒与他相像。两件作品都是校友捐献，作者不是一人，但一大一小，一强一弱，形成对照。上次来，"蒙古人"已被搬走。大树底下好乘凉，现在躲在禹贡学会旧址后的一棵大树下凉快，外边瞅不

田世信《老子像》

申红飙《蒙古人一站》

见。这次来,"老子像"已不知去向。

在法学院的咖啡馆吃午饭。罗泰不吃肉,点的是罗汉素斋饭。我吃肉,点的是咖喱牛肉饭。肉太硬,嚼不动,让我想起老子的教导,后悔没点斋饭。

下午,和学生见面。

晚饭,在勺园吃鸡蛋西红柿面。

北京飞长治的飞机,一天三班,22:15是最后一班。我们在跑道上溜溜等了一小时才起飞,飞抵长治机场,已经是0点以后。段局长来接,宿鹏宇国际大酒店。

[备课]

什么是上党地区?

(一)历史上的上党,作为自然地理单元,大体指昔阳以南,太岳以东、太行以西的山西东南部。作为政区,大体指旧辽、沁、潞、泽四州,西部有时会加上临汾地区的安泽(因位于上党关以西的交通要道上),东部有时会加上河北的涉县、武安(因位于东阳关以东的交通要道上)。广义的上党,包括辽、沁、潞、泽四州。狭义的上党不包括辽州,更狭义的上党则连泽州也不算,专指沁、潞二州。上党分北上党和南上党,分界线是羊头山上的战国长城。北上党是羊头山以北,包括旧辽、沁、潞三州,南上党是羊头山以南,只限旧泽州。

(二)战国[1]

战国时期,上党是韩、赵、魏三国反复争夺的地区,边界难定。我们只能粗略地说,长平之战(前260年)前,上党之北部和东部主要被赵国控制,上党的南部和西部主要被韩国控制。《战国策·秦策一》说韩上党郡有17县,《战国策·齐策二》说赵上党郡有24县,其可考者主要有17县:

(甲)北上党:

1. 橑阳(今左权):城在左权县城。
2. 阏与(今和顺):城在和顺西北。

以上属旧辽州地。

3. 涅(今武乡):城在武乡西北42里故城镇。
4. 铜鞮(今沁县):城在沁县东南35里古城村,或说在襄垣虒亭镇。

以上属旧沁州地。

5. 屯留(今屯留):城在屯留南15里古城村。
6. 余吾(在今屯留):城在屯留西北18里余吾镇。

---

[1] 吴良宝:《战国时期上党郡新考》,《中国历史研究》2008年1期,第49—60页。

7．长子（今长子）：城在长子西南8里孟家庄村。

8．伊是（今安泽）：城在安泽东南，即汉猗氏。

9．襄垣（今襄垣）：城在襄垣北30里东故县村。

10．潞（今潞城、黎城、平顺）：城在潞城东北40里古城村。[1]

11．涉（今河北涉县）：城在涉县西北2里。

12．武安（今河北武安）：城在武安西南5里店子古城。

以上属旧潞州地（除伊是）。

（乙）南上党

1．长平（今高平北部）：城在高平西北20里王报村。

2．泫氏（今高平、陵川）：城在高平市。

3．高都（今晋城）：城在晋城市，可能包括汉阳阿。

4．濩泽（今阳城）：城在阳城西北25里泽城村。

5．端氏（今沁水）：城在沁水东北河头村。

以上属旧泽州地。

上述地名，多有战国铭文佐证。

布币铭文有：涅、同（铜）是（鞮）、襄垣、屯留、余亡（吾）、长（鄩）子（或作"岢子"）、露（潞）、武安、高都、鄢（端）氏。[2]

兵器铭文有：阏与、同（铜）是（鞮）、屯留、长子、涉、武安、濩

---

[1] 复旦大学历史地理研究所：《中国历史地名词典》（南昌：江西教育出版社，1986年），第986页说先秦潞国和西汉潞县都在黎城南古城。从方位看，此城确在黎城南，但已入潞城界。

[2] 参看马保春：《晋国地名考》，北京：学苑出版社，2010年，第254—255、257—258、139—140、222—223、224—225、207—208、248—249、256—257、262—263页（未收余亡布）。案：三孔布有余亡布，何琳仪以余亡为余吾，见氏著《古币丛考》（台北：文史哲出版社，1996年）第145—150页：《余亡布币考》。

泽、高都。[1]

但橑阳、伊是、长平、泫氏，还缺铭文佐证。[2]

三孔布有邔与布，裘锡圭以为邔与即阏与，阏与在今山西和顺县西北。[3]但第一字与阏与戈不同，学者疑之。[4]今案"邔与"可能是乌苏城，《史记·秦本纪》"(秦昭襄王)三十八年，中更胡(伤)〔阳〕攻赵阏与"，《集解》引孟康说："音焉与，邑名，在上党涅县西。"《正义》："阏与，聚城，一名乌苏城，在潞州铜鞮县西北二十里，赵奢破秦军处。"乌苏城在沁县西南26里，与和顺的阏与城不是同一城。

(三) 秦代

秦代的上党郡，治所在长子，下领诸县可能类似西汉早期。

(四) 汉到隋

1. 西汉早期的上党郡（约17县）：沾（城在昔阳西南30里西寨乡）、涅氏、铜鞮、谷远（城在沁源县城）、屯留、余吾（城在屯留西北18里余吾镇）、长子、猗氏、壶关（城在长治市北35里古驿村）、襄垣、潞、涉、武安、泫氏、高都、阳阿（城在晋城西北35里阳陵村）、端氏。[5]沾包括今昔阳、左权、和顺。潞包括今潞城、黎城。猗氏即伊是。郡治在长子。阳阿即濩泽。增谷远，省长平。

2. 西汉晚期的上党郡（14县）：省涉、武安、端氏。

---

[1] 参看马保春：《晋国地名考》，第105、222—223、224—225、248—249、256—257页（未收涉戈）。案：涉戈，见中国社会科学院考古研究所编：《殷周金文集成》（修订增补本），北京：中华书局，2007年，第七册，10827。案：郑韩古城出土韩兵器上有"濩泽"，见吴良宝：《战国时期上党郡新考》，第57页。

[2] 伊是即猗氏。战国货币有奇氏布，学者多以为猗氏布，但也不能排除是猗氏布。

[3] 裘锡圭：《战国货币考》（十二篇），收入氏著《古文字论集》，北京：中华书局，1992年，第429—453页。

[4] 黄锡全：《先秦货币通论》，第149页。

[5] 张家山汉简《二年律令·秩律》提到潞、涉、余吾、屯留、武安、端氏、阿（猗）氏、壶关、泫氏、高都、铜鞮、涅、襄垣。其中有涉、武安、端氏。参看吴良宝：《战国时期上党郡新考》，第59页。

东汉上党郡（13县）：治所在壶关，省余吾。

3．西晋上党郡（10县）：治所在壶关，割沾县属乐平郡，省陭氏、阳阿、谷远，析涅氏置武乡（今榆社和武乡东部，城在榆社北30里社城镇）。

4．隋代上党郡（10县），治所在上党（改壶关为上党），割泫氏、高都为长平郡，析潞城置黎城，合武乡、涅氏为乡县，增沁源（即汉谷远）、涉县。

(五) 唐到清

唐以来，以州代郡，上党故地分属辽、沁、潞、泽四州。

宋以来的四州大体是：

1．辽州相当今左权、榆社、和顺。

2．沁州相当今沁县、武乡、沁源，但宋以前，沁县、武乡属潞州。

3．潞州相当今长治市和长治县、壶关、长子、屯留、襄垣、潞城、黎城、涉县，但元以来涉县不属潞州。明嘉靖七年（1528年），分黎城、潞城、壶关三县地，设平顺县；嘉靖八年（1529年），升潞州为潞安府。

4．泽州相当今晋城、高平二市和泽州、陵川、阳城、沁水。

(六) 民国

废府、厅、州，一律称县。

(七) 长治解放后

1.1945年，上党战役后，设长治市（长治是全国最早解放的地方）。

2.1949年，设长治专区。

3.1958年，长治专区改晋东南专区。

4.1970年，晋东南专区改晋东南地区，辖旧沁、潞、泽三州地，包括沁县、武乡、沁源、长治、长子、屯留、襄垣、潞城、黎城、平顺、壶关、晋城、高平、陵川、阳城、沁水16县。

6.1985年，晋东南地区分为南北二市。长治市在羊头山以北，下辖潞城市和沁县、武乡、沁源、襄垣、长治、屯留、长子、黎城、平顺、壶关10县，相当旧沁、潞二州；晋城市在羊头山以南，下辖高平市和泽州、阳城、沁水、陵川4县，相当旧泽州。旧辽州地，今属晋中市。[1]

3月30日，晴，但大风降温。

8:30早饭。

上午去长治市博物馆（赵朴初的题字没有"市"字）。馆长张晋皖备水果迎候。这个博物馆，我是第三次看，但罗泰是第一次看。他一边拍照，一边记笔记，看得很仔细。

长治市博物馆的铜器主要是潞城微子镇、长治市西白兔村、屯留上村、长子北高庙、长子景义村、长治分水岭和潞河墓地所出。

分水岭大鼎值得注意。此鼎形制、纹饰与一般的三晋铜器大不相同，说实话，有点像宋仿的器物。其实这话应该反过来讲，宋仿或有以这类器物作底本者。罗泰认为，此鼎可能是仿古作品。但仿什么呢？如果说仿古，恐怕也是想象成分很大的仿古。

中午在一家豪华酒店吃饭，风很大。李局长来。大堂有一件分水岭大鼎的仿制品。

2:00—2:30，回鹏宇休息。

下午去长子。先到上党门，明清潞安府的衙署之门。长子的县标是精卫填海。长子文博馆的人来接。

看长子古城三处，一处在北高庙以东，两处在北高庙以西。北高庙是块高地，原来是吕祖庙，现在是烈士陵园。这里出土过商代铜器，很重要。

北高庙西侧的残墙，立有标志碑，曰"丹朱古城墙遗址"。

去县文博馆。馆在文庙内。给张晶晶（山西博物院办公室秘书）打电

---

[1] 长治市可以分为六个地理单元：(1) 沁县—沁源—武乡西部；(2) 襄垣—武乡东部；(3) 屯留—长子；(4) 黎城—潞城；(5) 长治市—长治县；(6) 平顺—壶关。晋城市可以分为两个地理单元：(1) 晋城—高平—陵川；(2) 阳城—沁水。

长子古城遗址

法兴寺石塔

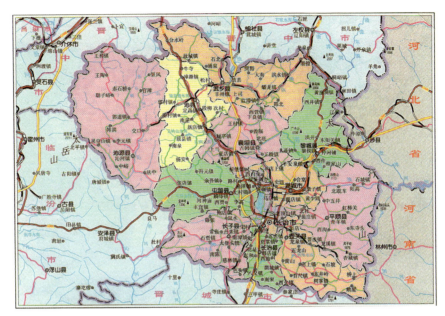

长治市地图

话,五个拿钥匙的人,找到四个,徒唤奈何。去东侧县一中,院内有崔府君庙。庙前的空地停满自行车。自行车以南,靠门口墙根处有一块明嘉靖二十五年的碑,横卧地上。

去法兴寺,故地重游。崇庆寺在大修,不能看。

回长治市,看分水岭地貌。潞安故城四周的护城河,市里正在修浚,用铁皮栏板围起。

石子河,源出壶关县,西流,绕城西、城北。黑水河,源出长治县黎侯岭,北流,绕城南、城东。[1]

上次去长治县,我专门考察过黑水河。它从黎侯岭发源,涓涓细流,

---

[1] 明万历版《潞安府志》,太原:山西古籍出版社,2006年,第31页。

如草蛇灰线，似断似续，时隐时现。此水露头是在韩店镇东一条大路的左侧，路面的颜色一半深一半浅。深者是潜伏的河道，水就在路面下。然后，河道逐渐露出地面，是个臭水沟，颜色发黑，确实是黑水。我们开车一直追到长治市的西南角。这就是著名的黎水，与古黎国有关的河水。

石子河与黑水河汇于城的西北角。穿过一个热闹的小巷，有个家属院，里面的房子是建于高地上，分水岭墓地的分水岭就在此处。

晚饭后，小郭拿来一张《长治市地势图》，包括1市10县，整个上党盆地，哪儿低哪儿高，看得很清楚。

[笔记一]

长治市博物馆展出的青铜器

(一) 商代铜器

1. 潞城微子镇收集的饕餮纹斝

1975年出土。出土地点在潞城县洛河大队。洛河大队，据说在微子镇附近。同出还有饕餮纹鼎和弦纹斝，未见，疑在潞城市。[1]

2. 长治市西白兔村收集的弦纹爵、带十字镂孔的变形饕餮纹觚。[2]

3. 长治市西白兔村出土的圆圈/饕餮纹斝和饕餮纹贯耳壶。[3]

4. 长治市西库回收的有銎戈。[4]

5. 屯留上村出土的素面簋。[5]

1987年秋出土，同出还有簋1、戈1、铃2和陶鬲1，未见，疑在屯留县。

6. 长子北高庙出土的弦纹锥足鼎、饕餮纹锥足鼎、带族徽铭文的素面瓿、圆圈/饕餮纹爵、圆圈/饕餮纹罍、有銎戈。[6]

---

[1] 王进先：《山西长治市拣选、征集的商代青铜器》，《文物》1982年9期，第49—52页。

[2] 未见报道。

[3] 未见报道。

[4] 未见报道。

[5] 侯艮枝：《山西屯留上村出土商代青铜器》，《考古》1991年2期，第177页。

[6] 未见报道。

长治西白兔出土的商代铜壶

1971年冬出土,同出还有爵1、觚1和矢镞等,未见。1972年春,长子北高庙还出土过鬲1、爵1、斝1、觚1,亦未见。疑皆在长子县。

7．长子县拣选的圆圈/饕餮纹锥足鼎和带大字形族徽铭文和两件直内戈。[1]

（二）西周铜器

1．长子景义村（今作晋义村）出土鼎1(螨鼎)、鬲1、甗1、簋1。[2]

2．长子出土的饕餮纹鼎。[3]

3．屯留县城北出土的夔纹簋。[4]

（三）东周铜器

1．长治分水岭墓地出土的铜器。[5]

2．潞城县潞河墓地出土的铜器。[6]

[笔记二]

长治地区的山川形势

（一）四面环山

西面为太岳山,沁源最高,完全是山区。武乡、沁县、屯留、长子西部属太岳余脉,地势也高。

东面为太行山,除平顺、壶关、黎城、武乡交界处和潞城东,地势很高。

北面的武乡、襄垣,地势也高于长治市、长治县。

长子的南端是丹朱岭,长治县的南端是羊头山,地势也比较高。山上有战国长城（从壶关到安泽）和长平关（在高平西北40里坡根村东北）。

---

[1] 未见报道。
[2] 王进先：《山西长子县发现西周铜器》，《文物》1979年9期,第90页。
[3] 未见报道。
[4] 未见报道。
[5] 韩炳华、李勇：《长治分水岭东周墓地》，北京：文物出版社，2010年。
[6] 山西省考古研究所等：《山西省潞城县潞河战国墓》，《文物》1986年6期,第1—19页。

这是潞、泽二州的分界线。

（二）中间是盆地

　　上党盆地，盆底是长治市、长治县和屯留、长子的东部，地势低平，是一大块绿地。

（三）大河有三条

　　浊漳河也叫潞河，三源合一，从山西，横穿太行山，是河北、河南的一条分界线。

　　浊漳南源从长子发鸠山发源，在襄垣甘村与浊漳西源汇合。

　　浊漳西源从沁县漳源镇发源，在襄垣合河口村与浊漳北源汇合。

　　浊漳北源从榆社柳树沟发源，在河北涉县合漳村与清漳河汇合，东流，穿古邺城而过。

（四）古道有两条

　　一条是从太原，经太谷、祁县、武乡、沁县、襄垣到长治的古道。白晋铁路故道和208国道是走这条道。这条道是傍太岳山，沿浊漳西源走，在《长治市地势图》上是一条"绿色走廊"，很明显。它下接207国道，可通高平、晋城和河南沁阳。这条道上有几个著名古驿站，如梁侯驿（在武乡良侯店）、虒亭驿（在襄垣虒亭镇）、太平驿（在襄垣太平村）、漳泽驿（在长治漳泽水库一带）、长平驿（在高平长平村）。

　　一条是从邯郸，经武安、涉县、黎城、潞城到长治的古道。309国道是走这条道。这条道，在《长治市地势图》上也是一条"绿色走廊"，很明显。现在长治到临汾，是从屯留路村到屯留县城，横穿屯留，经安泽去，也是走309国道。

（五）现代高速也有两条

　　一条是从太原，经太谷、榆社、武乡、沁县、襄垣、屯留、长治、高平、晋城和河南济源去洛阳的高速，即太洛高速。这条高速，长治以北，不走古道，而是穿武乡故县东，在208国道的东面走。长治以南，不走沁

明东阳关匾额:中州外翰

阳,而走济源,从高架的隧道,直接穿山而过,直奔洛阳。

一条是从邯郸,经武安、涉县、黎城、潞城,到长治的高速,即邯长高速。这条高速是走滏口陉,先在双线的309国道南面走,然后换到它的北面走。

3月31日,晴。

7:30早饭。

上午去黎城,先到城隍庙,看黎城县文博馆(意思是文化馆加博物馆)。这里也是第三次来。院内靠南,放着东阳关的一对石匾,两件相同,上刻四个大字:"中州外翰"。前书"大明嘉靖二十二年春吉旦",后署"巡抚河南都御史秦中李宗枢建",嘉靖二十二年是1543年。"中州"是豫州,"外翰"是屏障。它是说,东阳关是河南的屏障,但更准确地说,是彰德府的屏障。当时,彰德府在安阳,辖汤阴、林县、鹤壁,以及河北涉县、武安、磁州、临漳。其实这话也适于商代:黎国也曾是商都屏障。

东侧新增了一个展室。塔坡墓地的青铜器,[1] 两次来都没看到,虽然

---

[1] 参看国家文物局主编:《2007中国重要考古发现》,北京:文物出版社,2008年,第40—45页。

楷侯宰的名字：吹

张晶晶事先打了招呼，但拿库房钥匙的人照样不在，还是看不成。

赵馆长拿塔坡墓地的铭文来请教。第一，M8出土铜盘的铭文，以前未见，他父亲写了个释文，我帮他改了一下。第二，他说，楷侯宰的名字不知怎么释，张颔先生很关心，我告诉他，我已写文章。我的意见是，此字上从吹，下从龠省，其实是吹奏乐器的吹字，传世古文有这个字。[1]

出文博馆，驱车去东阳关火车站。站北有一道夯土墙，即"黎城八景"之一的"黎城古郭"，据说在"东阳关镇曲后之崖顶"上。[2] 登墙四望，有火车从墙北下面的铁路驶过。回首南顾，墙下是东阳关镇，有河当其前，地图上叫"勇进渠"。赵馆长说，镇之左右皆有冲沟。遥望东阳关，依稀在东南方向的山口上。书上说，东阳关镇在黎城县东20里。[3]

登车，去东阳关。书上说，东阳关即壶口故关，关在吾儿峪，也叫盂口，距东阳关镇5里。[4] 这个山口，原有关楼，黎城文博馆藏"中州外翰"匾原来就是悬于关楼。关口两翼是明长城。明代内长城，沿太行山，各个关口都有。1938年2月17—18日，为了阻止日军入侵上党，李家钰率川军47军与日军血战于此，因有汉奸带路，关没守住，很多四川人都死在了这里，是为著名的东阳关战斗。

车停在山口路南，缘小路上山，有块平地，是个古遗址。《东阳关镇志》上有两张照片值得注意，图注曰"现存明长城关楼遗物"，左图是两块地砖，右图是两件火炮。火炮是明代遗物，但地砖明显是汉砖。赵馆长

---

[1] 拙作《西伯戡黎的再认识——读清华楚简〈耆夜〉篇》，香港浸会大学《简帛·经典·古史》国际会议（2011年11月29日—12月3日）论文，论文集由上海古籍出版社出版。

[2] 刘书友主编：《东阳关镇志》《黎城乡镇志》卷四，武汉：武汉出版社，2008年，第204—205、245、248页。

[3]《东阳关镇志》，204页。

[4]《东阳关镇志》，204页。

黎城东阳关火车站的"黎城古郭"

黎城吾儿峪的东阳关

说,砖即出土于此,馆里有,村民家里也有。山上有个新修的小庙,是个关公庙。309国道分南北双线,穿关口而过。南线是出关的路,北线是入关的路。问八路军长宁机场遗址,答曰已成庄稼地。

驱车出关,经上湾、下湾,到河北涉县响堂铺。沿路的房子很好。观民居,然后沿北路返回。1938年3月31日,八路军129师曾在此伏击日寇,重创日军,是为著名的响堂铺战斗。

中午,在黎城县用饭。

饭后,经西关水库,去塔坡墓地。墓地是个不大的塬区,西侧是冲沟,有挂壁墓。

距塔坡墓地不远,有个废弃的窑场,是个商代遗址,整个一块高地被挖光。馆内的三件商代铜器即出于此。地里有商代陶片。

下午,去潞城。

先看潞河古城。遗址在一冲沟内,贴崖壁有几段夯土墙。

然后去龙尾圪堆。有若干汽车停在圪堆下的田地里,初以为盗墓贼。其中有个胖子朝我们跑来,经介绍,是续村支书,种五彩花生的能手。他带我们爬上圪堆顶,指指点点,说老有人来此掏挖。

晚饭,在潞城大酒店。

4月1日,晴。

7:30,早饭。

去武乡。车到高速口,阎县长、申书记来接,炳宏(亚忠表兄的孩子)、马生旺、王照骞也在。

先到文管所,看文物。上城村出土的商代铜器,比原来碎得更厉害。战国货币,我记得是临漳出土。[1]

〔1〕王进先、杨晓宏:《山西武乡县上城村出土一批晚商铜器》,《文物》1992年4期,第91—93页。

武乡涅县古城遗址（东）　　武乡涅县古城遗址（西）

去故城看大云寺。亚忠表兄、社雄表兄来。

三佛殿，补拍莲花座。上次请钟晓青看照片，她怀疑，这个莲花座恐怕放不下出土大佛的脚。县文管所有三个大头，就是此殿大佛的头，尺寸很大，但这次看了，似乎合身，但忘了量尺寸，大头也没量过。出门，拍沿街的墙基，有些是利用碑石，似乎都是明清时期的东西。门锁了，才想起没看大梁上的题记。

看明代关帝庙，已经彻底翻新。有一家房后是涅县古城的残墙。

午饭，在镇上吃，有南沟杏汁。我记得南沟有水阁凉亭，好水。

社雄表兄说，太原的买成表兄不行了。

2:00，回北良侯。车一出镇，可见路两边的古城残墙，左右都有。西边一段，原来的照片上是在谷子地旁，现在地里光秃秃。

东良未停。灰嘴水库，上次完全干了，现在有一点儿水。当年开石头的石窝子已看不出来。

祖宅，还是那么破，院中似乎有人住，但锁着门。德和哥哥的楼已经拆了。卫生院的楼还好。

到庙上，赫然可见，元代琉璃屋脊的脊刹丢了。元代地震碑也扔在荒草中。

沁县南涅水石刻

  去祖坟扫墓。爸爸妈妈的骨灰,有一半埋在这里。晓敏不在,林泉在。车停在两个水库之间。林泉和社雄表兄买了冥币、饼干和矿泉水,和我一起爬上村东北的黄土高坡,祭奠一番,返回停车处。

  海燕(村支书)来塬上迎。我问他,上次我不是告你,叫你把带字的脊刹"抬起来"(意思是收起来)吗,为什么还是叫人偷了。他说,我看它也不值钱,就大意了。他说,东西是2月14或15号丢的。

  去沁县,从故城南行,不好走,干脆折回段村,从段村去二郎山石刻馆。有个值班的女孩给开门和介绍。这些石刻真漂亮。

  晚饭,回鹏宇吃。

4月2日，阴，大风降温。

8:00早饭。

去潞城、平顺看庙。

有一本讲平顺的书说，中国古建70%在山西，山西古建50%在长治，长治古建50%在平顺。长治有国宝古建33处，平顺有其10。

唐代建筑有四个半：五台南禅寺大殿和佛光寺是两个，平顺天台庵是一个，芮城广仁王庙（俗称五龙庙）是一个，正定开元寺钟楼是半个。天台庵就在平顺。

故地重游，这是第三次。

先经微子镇，去潞城原起寺。寺中正在铺设自来水管，用以防火。这些天，大风把嘴吹坏，干得要命。为了防风，头上戴了帽子。帽檐遮脸，看不清，把脑袋撞在车门上，"嘭"的一声，几乎跌倒。

然后，过太行水乡，顺浊漳河东岸，去平顺天台庵。墙上有防火标志，但院中满地是炮仗的碎屑。我跟看庙人说，可不敢在庙中放炮。他说，群众管不了，放炮是在铁桶里，很安全。我说，不怕一万，就怕万一，你要真把庙烧了，罪过可就大了。

然后，去大云院。弥陀殿壁画有天顺元年题记。左右配殿，现在是展室，对平顺境内的景点有介绍，买《平顺旅游指南》地图一幅。

午饭，在实会吃。饭后，去龙门寺。龙门寺在石城镇附近。

龙门到了，前两次都没上去看，这次上去看了一眼。

龙门山刀劈斧削，山腰有个石窟，很神秘，两次去都没到跟前，这次总算如愿。山脚下有个水坝，拦住一泓碧水，循坝前行，可见一铁塔，顺旋转扶梯而上，有道蜿蜒，来到石窟前。石窟内的佛像，头是新刻，窟口左侧有"弥勒尊佛"四字。

看龙门寺，以前都是步行上，这次开车上。车道在庙东，路上有泉，

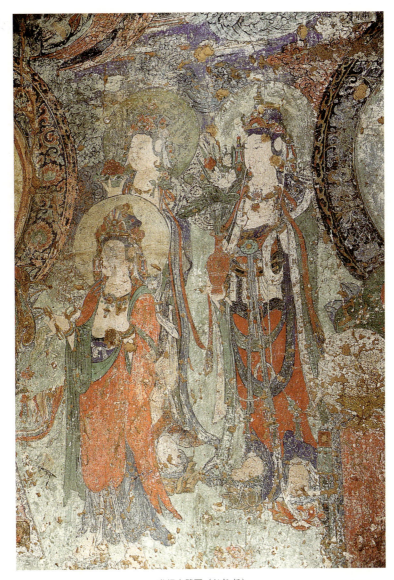

龙门寺壁画（任超 摄）

平顺天台庵

围以石井栏。

寺中正大兴土木。有人在门口施工,其中年长者面熟,主动打招呼,说你又来了,我这才想起是看庙的桑所长。我跟大家介绍说,这是所长,他说他已退休,并指着一个干活的年轻人说,这才是所长,我儿子。

桑所长带大家看塔林。

最后,看路面下石洞中的题刻。桑所长说,你上次给我写的释文,我把他打印出来,钉在旁边。他把"李晏"写成了"李晨"。

平顺县,北部是割黎、潞二县地,邻河北涉县;南部是割壶关地,邻河南林县(现在叫林州)。它有三条古道:

1. 北道,从大云院到石城镇,顺浊漳河走,比较通畅,前面是涉县合漳村,合漳村是清漳和浊漳汇合处,以前走过。清漳是辽州的大河。

2. 中道,从平顺县城去虹梯关,比较险,现在在修高速,还没通,前面是河南林州。

平顺龙门山（石窟在山体正中的下方）

平顺龙门山石窟

3. 南道，从龙溪镇去玉峡关、金灯寺，比较险，前面是林州的隆虑山，以前从安阳去过，只在半山观雪景，没有翻到这边来。

今所行者乃北道，中道、南道未曾游也。

晚饭在鹏宇。步青（我表兄家的孩子，与我同岁）来了。席间，他告我，他在邵渠侍母二年，老人走了，才回长治，并提到近年武乡盗墓，说陈村、岸北、故城有不少起，人家枪好车也好，当地民警根本不敢管。

4月3日，晴。

8:00早饭。

走国道309，去屯留，看上党西关。这个关口，过去是去临汾所必经。

先到县城，然后南下，经西贾，从张贤西折，过丰宜镇，至黑家口村。

晴空万里，天气好得不得了。

村支书，身穿迷彩服，臂戴护林员袖章，带大家上山。车，颠颠簸簸开到小口村，前面是摩诃岭，只能舍车攀山。山路盘旋而上，虽平而绕，走了很久，估计得有两小时（没有看表）。支书走惯了山路，背抄着手，看似慢悠悠，实际速度很快，总是把大家甩在身后。路上可见钻眼、钻芯，乃国家勘探所遗。

现在，长治到临汾是走国道309。此道横贯屯留，在此道的北面。将来，高速开通，是顺屯留南面的古道走，即今天这条道。钻探是为了修高速。

西关就在前面的山头，但"溯洄从之，道阻且长"。走啊走，越来越近，一堵带窗的石墙终于在山路的右手边出现。支书说，墙体是半新半旧，窗以上是新补，窗以下是旧物。

绕到石墙左侧，关门已塌。石料散落一地。入门，靠左手的山坡，是一眼石料券砌的窑洞，里面供着个小小的关公像，背后的墙上贴着红纸，上书"忠义圣贤"四字。对面，靠墙处有废井，井虽埋而石栏在。另一面

山下是屯留小口村，山上是去安泽的古道

屯留上党关遗址

的关门还在，但门额被人偷走，据说是"秦晋通衢"四字。

山西境内，大道有二，太原以北是一条，太原以南是两条。大同到风陵渡是奔西安，太原是中间站。大同到晋城是奔洛阳，太原也是中间站。临汾在前一条大道的南段上，长治在后一条大道的南段上。从长治去陕西，要从这条道横插到临汾，再往西南方向去，所以叫"秦晋通衢"。

我和罗泰爬上关楼后的山坡，四下眺望，罗泰赞叹不已：太漂亮，太漂亮。

下山，抄近道，垂直下降，可见石块、石板铺砌的古道，和太行陉、白陉所见的古道相似。膝盖酸痛。

在支书家吃午饭，屋里很干净。食土鸡蛋三枚，饸饹两碗。

吃完饭，支书说，县委书记视察，他要去接待，我们也起身告别。

出支书家，看民居二，有一影壁绝佳。

平顺黑家口村民居影壁

车出村口，路边停汽车多辆，有七八人，身着迷彩服，戴护林员袖章，和支书一样打扮，两脚支地，跨摩托车，列队迎候，知县委书记来也。

下一站是古城村，看屯留古城。这个村子很大，村西有一塔。

先到学校，见连书记。院子很大，内有清碑两通，知学校为永峰寺故址。

连书记带大家看古城东南角的残墙。据说墙南有沟，已经填平。地面砖瓦很多。

罗泰说，刚才在车上还看到一个更大的土堆，连书记说，在西边，当

屯留古城遗址（李坊村东）

地人叫烽火台。大家说，开车去看看。到了，果然是一段夯土墙。

这段残墙比前面看的更高更大。地面上有很多绳纹板瓦，片很大，陶片也随处可见。有趣的是，墙上有一残破建筑，爬到顶上一看，居然还有废井，原来墙上住过人。旁边是李坊村。

回来的路上，看了两座庙：

1．路村乡王村崇福院，金代建筑，原来被太行锯条厂占用，失火烧毁，现在的建筑是2006—2010年重修，灿然一新，旧东西只有金崇庆元年（1212年）礼部牒文碑。

2．路村乡姬村宝峰寺，元代建筑，也重修过。有一老汉主动介绍，说整个建筑都被修坏了，并送材料两份，介绍姬村地道。

回长治，晚饭在鹏宇三楼一个大房间，段局长请了张晋皖馆长和杨林中站长（山西省考古所晋东南工作站站长）。

杨站长说，铜鞮古城可能在虒亭，屯留古城可能在余吾，不在古城村，古城村的残墙可能是汉城，并谓盗墓猖獗，工作无法开展，关键还是领导不重视。罗泰说，为严打盗墓重判快办干杯。

明天是清明节，中午的飞机已无座，只好坐早班的飞机回北京。

饭后，张馆长和杨站长来房间小坐。张馆长送馆藏铜器材料一份，并把长治轴承厂宋墓的材料拷给我。

4月4日，晴。

坐8:05的飞机回北京。罗泰从舷窗俯瞰太行山。

现在回想，我的收获主要是六点：

1．上党地区有四关，北关是井陉东口上的石研关（土门关），控制的是正定到太原的大道；南关是太行陉南口上的天井关，控制的是太原到洛阳的大道；东关是滏口陉西口上的东阳关，控制的是邯郸到长治的大道；西关是黑家口村西的上党关，控制的是长治到临汾的大道。北关，我从东往西穿行过。南关，我从高速进，从古道出，也穿行过。东关，过去走高速，两次路过，都没走古道，这次走了。西关，这是头一回。我没想到，黑家口村前的路那么好走，黑家口村后的路那么难走。

2．商周时期，上党盆地主要被黎国盘踞。黎国有多大，它的都城、墓地在哪里，值得研究。传统说法有二，一说黎在壶关，一说黎在黎城。壶关说的壶关是汉壶关，大体在今长治市，也包括长治县和壶关县的一部分。长治县有黎岭，黎岭有黎亭，黎水出焉，北流，绕潞安府旧城，西注浊漳，与黎有关。长治市，汉代叫壶关，是因为东有壶口关，但黎城也有壶口关，当地出土了楷侯宰铜器。春秋时期，潞灭黎的黎当在黎城。上党盆地，长治市是三岔口，正好卡在太洛、邯长两条大道的交会处，乃交通要冲。两条古道汇成一条古道，如Y字形。我想，对商朝而言，这两条大

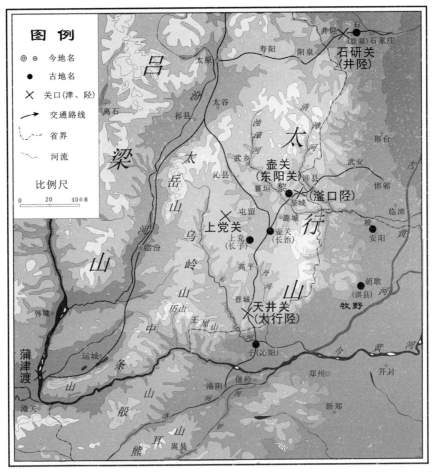

上党四关图

道,邯长道更重要。我怀疑,黎国的都城当在东阳关至塔坡一线上,而黎国的范围可能大致相当沁、潞二州,黎城、潞城、长治市、长治县是个狭长走廊,黎城在走廊的西北,长治县在走廊的东南。上次到长治县看黎亭、黎水，这次到黎城看塔坡墓地和东阳关，正好是它的一头一尾。

3. 太行山，山之表为商，山之里为黎，上党与河内互为表里，正好在山的两侧。黎国失守对商威胁最大。《书·西伯戡黎》"祖伊恐"，恐的就是周人出壶口关，直扑商王畿。旧志说，上党盆地的各县都在黎国的范围内，恐怕有道理。现在，长治地区出土了这么多商周青铜器。我们似应考虑，这些铜器的族属到底是哪个国家。我相信，它们中的很多是商代黎国的铜器，还有一些是周人灭黎后在原地新封黎侯国的东西。比如长治市博物馆、武乡文管所和黎城文博馆藏的铜器，其中很多恐怕都和黎国有关，甚至就是黎国的东西。这类铜器，下面还有。潞城、长子、屯留等县的文博馆，还应调查一下。

4. 上党地区是古代民族融合的大熔炉。其地正当洛阳之北。洛阳是天下之中。胡骑南下，直奔洛阳，一定要从大同入，沁阳出，穿行山西。山西自古就是华夏与戎狄混居。其中尤以狄人值得注意。狄分白狄、赤狄。东周以来，白狄主要活动于滹沱河流域，从上游的五台（虑虒古城在焉）到下游的平山（灵寿古城在焉），出太行山，可控制今石家庄地区，偏北；赤狄则集中于上党地区，出太行山，可控制邯郸、临漳、安阳、林州一带，偏南。白狄姬姓，有鲜虞、中山，大家熟知。赤狄媿姓，则关注者少。叔虞封唐，赐怀姓九宗，怀姓就是媿姓。绛县横水大墓，出土铜器上的倗氏即九宗中的冯氏。媿姓初居晋南，后徙上党。上党地名多与赤狄有关。如潞州源于潞国（西周黎国就是被潞兼并），屯留源于留吁，就是很好的证明。还有，皋狼、皋落、光狼一类地名也重要，今后要注意研究。

5. 秦灭六国，上党争夺战很关键。秦夺上党，必先夺野王（韩邑，今河南沁阳，在天井关南口外）。野王失，则郑道（韩上党郡与韩都郑之间的通道）绝，秦军自天井关长驱直入，韩上党危。当时，韩不能守其上党，献地于赵，因此才有长平之战。长平之战就是发生在羊头山以南。此线不能守，秦军北上，则赵之上党危。赵之上党失，则门户洞开，井陉一线（太原到正定）和滏口陉一线（长治到邯郸）势必不能守。果然，秦胜长平后，随即夺太原，攻武安，围邯郸。秦灭三晋，又重演了周灭商的故事。抗日战争、解放战争，中日、国共在太行山一线反复争夺，上党同样是战略要地。研究战场考古，此地很重要。

6. 研究古代城市，关注最多，主要是国都类的一级城市，都县类的二三级城市，关心的人比较少。近些年，到处跑，我发现，后者留下的很多，并未完全消失，不但没消失，地面上还多多少少留下点断壁残垣。盗墓贼对这些黄土垄子不感兴趣，热衷旅游开发的地方领导也不感兴趣，这是不幸中的万幸。古城是古代地理的重要坐标，别提多重要，但没有商业价值。这是其得以保存的原因。山西多古城，除涅氏古城，多次见面，长子古城、"黎城古郭"、潞河古城和屯留古城，这回是第一次见。

长治地区，铜鞮古城、襄垣古城、壶关古城没去。沁源是我唯一没有跑过的县。可跑可看的地方很多。时间太短，下次再来吧。我想，一定还有新的收获。

补记：2013年，应长治学院邀请，终于到沁源一游，并去了平顺虹梯关。

2012年4月19日改订于北京蓝旗营寓所

（原载《九州》第五辑，北京：商务印书馆，2014年）

黎城东阳关

西伯戡黎的再认识
——读清华楚简《耆夜》篇

周克商，西伯戡黎很重要，但历史细节，我们知之甚少。《书·西伯戡黎》是西伯戡黎后祖伊戒告殷纣之辞，今本列在《商书》，不是当周人的故事讲，而是当殷人的故事讲。原书并没讲西伯戡黎本身是怎么回事。《尚书大传》、《史记·周本纪》和今本《竹书纪年》提到此事，也是一笔带过。今清华楚简《耆夜》篇提供了新线索，[1] 值得对问题作重新思考。

本文拟从军事地理的角度讨论这一问题，或有助于问题的理解。

一、"耆夜"是什么意思

清华楚简《耆夜》篇是讲"武王八年，征（征）伐䣄，大戡（戡）之"（简1），凯旋而归，在文王太室举行饮至礼，即庆功的酒宴。

此篇有自题的篇名，见简14背，原作"䣄夜"，整理者认为，"䣄"即《书·西伯戡黎》的"黎"，《尚书大传》、《史记·周本纪》的"耆"，"夜"

---

[1] 清华大学出土文献研究与保护中心编、李学勤主编《清华大学藏战国竹简》（壹），上海：中西书局，2010年，下册，149—156页。

即简4、简6"夜爵"的"夜",读为舍,篇名指"伐黎后舍爵饮酒"(见149页的说明)。

最近,裘锡圭先生提出,"夜爵"应读"举爵",并引《礼记·檀弓下》"知悼子卒未葬"章,以为篇名类似该篇的"杜举"。他认为,"耆夜"指"伐耆还师后'饮至'"。[1] 裘先生的改读很合理。但篇名是什么意思,仍值得讨论。

一种可能,"举"是"举爵"的省略。

一种可能,"举"是"杀牲盛馔"(如《周礼·天官·膳夫》"王日一举"郑玄注),即大摆宴席。

还有一种可能,拔城曰举。如果是最后这种读法,则"耆夜"指戡黎之役。

这里值得注意的是,耆不是举行饮至礼的地点,"耆夜"二字,无论如何也不可能指在耆饮至,而只能指戡耆后归而饮至。

二、"西伯戡黎"的"西伯":文王还是武王

文武图商是中国历史上的大事。不唯《诗》、《书》盛称,且为诸子乐道,敷衍成文,有如《三国演义》。如《汉书·艺文志·诸子略》道家类著录的《太公》、《辛甲》、《鬻子》三书就是依托这类故事。

古人讲历史,常常文史不分,历史记载和文学想象,经常混着讲。因此同一故事有不同讲法,很正常。今人读古书,应耐心倾听古人的主诉,理解他们的叙事方式,信以传信,疑以传疑。不必一遇矛盾,马上就断

---

[1] 裘锡圭《说"夜爵"》,清华大学出土文献研究与保护中心编《出土文献》第2辑,北京:中西书局,2011年11月,第17—21页。

定,两种说法,必一真一伪。

《西伯勘黎》的西伯是谁?过去多认为是文王,但《耆夜》篇出,整理者认为:

> 戡黎的"西伯",《尚书大传》、《史记·周本纪》等都以为周文王。但是这个诸侯国的地理位置距离商都太近,文王征伐到那里于情势不合,所以从宋代的胡宏、薛季宣到清代的梁玉绳,许多学者主张应该是武王。简文明说是武王八年,证实了他们的质疑。

《耆夜》篇与传世文献有矛盾,应该怎么看,这个问题还值得再讨论。

文王戡黎说,过去见于《尚书大传》和《史记·周本纪》,说法不尽相同。

《尚书大传》以文王决虞芮之讼为文王受命之年,第二年伐于(即邘或盂),第三年伐密须,第四年伐畎夷(即犬戎),第五年伐耆(即黎),第六年伐崇,第七年卒。

《史记·周本纪》,顺序不太一样。它的第二年不是伐于,而是伐犬戎(即畎夷);第四年不是伐犬戎,而是伐耆,第五年不是伐耆,而是伐于。其他相同。

今本《竹书纪年》差异更大。它讲文武图商,是系于帝辛之年。周文王,它叫"西伯昌"。周武王,它叫"西伯发"。我们要注意,"西伯"一词是周人臣附于商,商人对周王的称呼,文王固可称为西伯,武王亦可称为西伯。这种叫法与《尚书》的《商书》是一致的。

今本《竹书纪年》讲西伯昌,"西伯(昌)率师伐密(即密须)"在帝辛三十二年,"密人降于周师"在帝辛三十三年,"周师取耆及邘,遂伐崇,崇人降"在帝辛三十四年,"西伯昌薨"在帝辛四十一年。它把周师取耆放在西伯昌死前第八年,而不是第三或第四年。

今本《竹书纪年》讲西伯发，也有一句话，曰"四十四年，西伯发伐黎"。

《耆夜》与传世文献有矛盾，传世文献，彼此的记述也不同，难免使人困惑，陈致先生曾做详细讨论，可参看。[1] 这里，我想指出的是，文王伐黎不仅见于上述文献，上博楚简《容成氏》讲文王伐九邦，九邦之中也有耆，可见战国时代固有此说。

文武图商，按古人的叙事方式，本来是个连续体。故事可以有不同版本，《容成氏》是一种版本，《耆夜》是另一种版本。我们不能说，《容成氏》一定是假，《耆夜》一定是真。

这里有两种可能：

一种可能，古人是把文王、武王的事混在一起讲。文王死后，武王载文王木主以伐，说明他是打着文王的旗号。古人把他俩的事混在一起讲，很合理。

一种可能，文王、武王都曾伐耆，无所谓哪个对，哪个错。如今本《竹书纪年》讲周人伐黎，除去"西伯昌取耆"，还有"西伯发伐黎"。

周人灭商，克耆本身很重要。我们要讨论的只是"西伯戡黎"，只是这件事对周灭商有什么意义。至于这个"西伯"是哪个西伯，"戡黎"是一次还是几次，恐怕倒在其次。

三、什么叫"戡"："戡"与"翦""歼"等字有什么区别

清华楚简有个重要发现，这就是"西伯戡黎"的"戡"字到底怎么写。我们先说戡。戡字在清华简中有两种写法。

---

[1] 参看：陈致《清华简所见古饮至礼及〈郘夜〉中古佚诗试解》，清华大学出土文献与保护中心编《出土文献》第一辑，上海：中西书局，2010年8月，6—30页。

一种见字形表739:20，作夲，辞例是"自西戡西邑，~亓（其）又（有）顕（夏）"（《尹至》简5）。

一种见字形表1221:3，作戓，辞例有二：

(1)"武王八年，延（征）伐鄐，大~（戡）之"（《耆夜》简1）。

(2)"隹（惟）文武中大命，~氒（厥）敵（敌）"（《祭公》简12）。

许慎引《商书》，一作"西伯既戓黎"（《说文解字·戈部》），一作"西伯戡鼜"（《说文解字·邑部》），段玉裁《说文解字注》怀疑，这是今古文的不同。

清华简，还有个与此相关但含义有别的字，见字形表1221:6，作戡，辞例有二：

(1)"自西~西邑，夲亓（其）又（有）顕（夏）"（《尹至》简5）。

(2)"我~波（灭）顕（夏）"（《尹诰》简2）。

这个字在商代甲骨文和西周金文中反复出现过，异说纷出，迄无定解。[1] 整理者认为此字即三体石经捷字的古文。

整理者释捷的两个例子，第一例与戡字的第一种写法同见，可以排除是戡。第二例与灭字连言，也可排除捷的读法。《说文解字·手部》："捷，猎也，军获得也。"捷字的本义是俘获、擒获，引申义是大获全胜。"捷西邑"、"捷灭"，这样的读法太别扭。《春秋》僖公三十二年"郑伯捷卒"，三体石经"捷"作戡。《说文解字·邑部》："戡，故国，在陈留。"它是假载国的载字或戴国的戴字为捷字，用在这里不合适。

现在，我的看法是，从辞例看，此字实相当"翦灭"的"翦"或"歼

---

[1] 过去有戈、栽、载、戴、捷、戡、芟、戒、搏、败等不同猜测，参看：于省吾主编《甲骨文字诂林》，北京：中华书局，1996年，第三册，2367—2383页。

灭"的"歼";从字形看,则可能与戏字有关。[1]

戡与翦、歼等字的区别是什么?我认为主要是:

(1)《西伯戡黎》的"戡",孔传的解释是"胜也",意思是西伯战胜了黎国。《尔雅·释诂上》把戡当作克、胜的同义词。堪也有这种意思。[2] 此事,《尚书大传》称"克耆"或"胜黎",《周本纪》称"败耆",今本《竹书纪年》称"取耆"。凡此都可说明,"戡"是攻克或战胜的意思。

(2)翦字有剪断、芟夷、去除、绝灭等义,与戡不同。《左传》成公二年:"余姑翦灭此而朝食。"杜预注:"翦,尽也。""翦灭",古书也作"划灭"、"戬灭",都是彻底消灭的意思。《尔雅·释诂下》把歼字当作泯、灭、尽等字的同义词,用法相同。这两个字比戡程度要强,是灭的意思。

这里值得注意的是,"西伯戡黎"是西伯克黎,克黎不一定是灭黎。

也许,"西伯戡黎"的西伯确实是文王,他只是戡黎,而并未灭黎,再次戡黎而灭黎者才是武王,祖伊的戒告是在第一次戡黎之后。

四、"黎"在哪里

《西伯戡黎》的"黎"到底在哪里?李学勤先生说:[3]

---

[1] 赛克勒美术馆藏子弹库楚帛书残片《五行令》有"亓味鱻(咸)",我在我的未刊稿中说过:"这个字的发现,可以解决两个问题:(1)史墙盘有表示伐灭之义的'戉'字(殷墟卜辞也有这个字),向无定释,得此可知,应与咸读音相近;(2)鄂君启节有'䰞尹',得此可知,应释'䃤尹',相当楚官中的'箴尹'(《左传》宣公四年)或'针尹'(《左传》定公四年)。我怀疑,此字似同歼字所从的戈(甲骨文另有戈字)。《说文解字·戈部》'戈',绝也,一曰田器,从从持戈。古文读若咸,《诗》云'攕攕女手'。"
[2]《说文解字·戈部》:"戡,刺也。"是把戡当堪,含义不同。段玉裁《说文解字注》甚至认为,堪是戡的本字(见弍字注)。
[3] 李学勤《从清华简谈到西周黎国》,《出土文献》,第一辑,1—5页。

黎国的地理位置从来有两说。《汉书·地理志》上党郡壶关下引应劭云："黎侯国也，今黎亭是。"《左传》宣公十五年杜预注也说："黎侯国，上党壶关县有黎亭。"这一地点在今长治西南。《史记·周本纪》正义引《尚书》孔传"黎在上党东北"，又引《括地志》云："故黎国城，黎侯国也，在潞州黎城县东北十八里。"这个地点在今黎城东北。也有学者弥合两说，如王先谦在《后汉书集解》中主张黎国原在长治西南，春秋时徙于黎城。两个地点相距不远，或许都曾在黎国境内也是可能的。

李先生提到的两说，一种是黎亭说（汉上党壶关县黎亭），一种是黎城说（唐潞州黎城县东北十八里），这两种说法是什么关系，这里也讨论一下。

(一) 汉壶关县黎亭的位置

汉代，壶关县属上党郡（治所在长子）。壶关县，治所在今长治市北的故驿村（在黄碾镇南），辖境包括今长治市和长治县，旧说还包括今壶关、平顺、黎城。[1] 杜预说的黎亭，不在今长治市，而在长治市南面的长治县。长治县韩店镇黎岭村，西有黎侯岭。黎侯岭是块高地，现在辟为黎都公园（因过度采挖，地下已成空洞），所谓黎侯亭，就在这块高地上。黎水出黎侯岭，俗名黑水河，在黎侯岭东侧，北注，与石子河合，汇入浊漳南源。

(二) 今长治地区有两壶关

汉壶关县是以壶关山而得名，县治偏北，不在今壶关县的境内。今

---

[1] 山西省长治市地方志办公室整理《潞安府志》（顺治版、乾隆版），北京：中华书局，2002年，37页。

壶关县在长治市的东南，是北魏太和十三年（489年）才搬到这一带。壶关，是以山形似壶口而名。现在，一提壶关，大家就以为指今壶关县的壶关。其实，今长治地区有两壶关，一个是今黎城县的壶口关，一个是今壶关县的壶口关。前者在北，是长治地区通河北邯郸的山口；后者在南，是长治地区通河南林州的山口。黎城县的壶口关，也叫东阳关，故址在县东10公里的吾儿峪（今长宁村、皇后岭村和小口村一带），关门上题刻"中州外翰"四字（石存黎城县文博馆）。关口两翼，明代修有内长城，全长约8000米，今残留约6000米，后关口内移，迁至今东阳关镇以南。[1]

（三）黎侯国相传在黎城

今黎城县是从北魏刈陵县分出，隋开皇十八年（598年）始置，位置在今黎城县北10里的古县村。刈陵县是汉代潞县，前身是春秋潞国。潞是赤狄小国，在今黎城县南。《左传》宣公十五年谓潞夺黎氏地，而晋灭之，立黎侯而还。潞和黎是南北相邻的两个小国。《括地志》卷二潞州黎城县："故黎城，黎侯国也，在潞州黎城县东北十八里。《尚书》曰'西伯既戡黎'是也。"唐天祐二年（905年），黎城县改名黎亭县。黎城八景有黎侯古郭，在东阳关镇曲后之崖顶上，就是相传的黎侯城。[2]

五、与黎国有关的考古发现

研究古黎国，考古发现很关键：

---

[1] 刘书友主编《东阳关镇志》（《黎城乡镇志》卷四），武汉：武汉出版社，2008年，204—205、245、248页。
[2]《东阳关镇志》，245页。

(一) 塔坡墓地的发现

黎国到底在哪里？2006年山西黎城县西关村塔坡发现的西周墓地提供了重要线索。[1] 这个墓地共探明墓葬92座，大型墓3座，中型墓15座，小型墓74座。这批墓葬，大中型墓只有M7、M8、M9三座中型墓未盗，出土了青铜器。

其中M8出土鼎一、簋一、甗一、壶二和盘、匜各一，五件铜器有铭文：

(1) 楷侯宰仲丂父鼎

楷侯宰仲丂父乍（作）季妫宝鼎，其万年子子孙孙用䵼。

(2) 楷侯宰㰞壶（一对）

楷侯宰㰞（㰞）乍（作）宝壶永用。[2]

(3) 仲丂父盘

仲丂父不录，季妫耑誓，遗尔盘、匜、壶两、簋两、鼎一，永害（匄）福尔后。

(4) 楷侯宰仲丂父匜

仲丂父乍（作）旅盨（匜），其万年子子孙孙用䵼。

---

[1] 国家文物局主编《2007中国重要考古发现》，北京：文物出版社，2008年，40—45页。
[2] 㰞字，从㰞从龠，《古文四声韵》和《集篆古文韵海》还保存着这类写法，参看：徐在国编《传抄古文字编》，北京：线装书局，2006年，上册，106—107页。

楷宰仲万父鼎

簋

甗

楷侯宰吹壶一（盖）

楷侯宰吹壶一（盖铭）

楷侯宰吹壶一（器）

楷侯宰吹壶二（盖）

仲万父盘铭

楷侯宰吹壶二（器）

仲万父盘

仲万父匜

塔坡墓地出土器物

这批铭文中的"楷侯"是西周时候的黎侯,现已得到公认。[1]

楷字应怎样分析,仍有讨论之必要。此字从皆得声。商代甲骨文的皆字有两种写法:一种上从双虎,下从曰(㗊、㗊),象二虎并行,疑即谐字的本字;一种上从单虎,下从曰(㗊),则是前者之省。[2] 其虎脚有两种写法,一种有点像古文字的夊字或今凡字(㗊、㗊),一种作跪踞之形(㗊),其实都是表现虎脚。此字,或说从夊得声,[3] 或说从几得声,[4] 恐怕都有问题。这种从虎的皆字,曾使用过很长时间。如春秋徐国的一件汤鼎,上面就有这个字(㗊),上从双虎,下从曰,两只老虎各画一只脚,有如比字。这种虎脚可能来自商代甲骨文的第二种虎脚。这个字在铭文中是人名用字。[5] 战国时期的皆字往往只从单虎。它有两种写法,一种虎脚类似商代甲骨文的第一种虎脚,可以中山王方壶的皆字(㗊)为代表;[6] 一种上从单虎,下从曰,老虎虽仅一只,但脚是两只,也类似比字,则可以上博楚简中的皆字(㗊)为代表,[7] 年代更晚的例子,还有一件秦始皇残度,其"皆明壹之"的"皆"(㗊),上从双虎,下从曰,仍然保持着商代甲骨文的基本特点,虎脚也属第一种。[8] 秦汉隶书的虎字往往从虍从巾,类似巾的部分是从第一种虎脚演变,如睡虎地秦简就已有这种写法(㗊)。[9] 今体的虎字从虍从人,类似人的部分则是从类似比的虎脚省变。这种写法,

---

[1] 高智、张崇宁《西伯既戡黎——西周黎侯铜器的出土与黎国墓地的确认》,北京大学震旦古代文明研究中心编《古代文明研究通讯》总第34期(2007年9月),48—50页。
[2] 参看:高明、涂白奎编著《古文字类编》增订本,上海:上海古籍出版社,2008年,下册,1260页。
[3] 于省吾《甲骨文字释林》,《于省吾著作集》本,北京:中华书局,2009年,392—396页。
[4] 李学勤《从清华简谈到西周黎国》引陈剑说,见《出土文献》,第一辑,1页。
[5] 中国社会科学院考古研究所编《殷周金文集成》(修订增补本),北京:中华书局,2007年,第二册,1433—1434页;02766.1—2。
[6] 参看:高明、涂白奎编著《古文字类编》增订本,下册,1260页。
[7] 参看:高明、涂白奎编著《古文字类编》增订本,下册,1260页。
[8] 容庚《秦汉金文录》,北平:1931年,卷一,36页正。
[9] 张守中《睡虎地秦简文字编》,北京:文物出版社,1994年,72页。

来源也很早，如秦石鼓文的虎字就已有这种写法（虍）。[1] 这些例子，无论哪一种，都不从屮，也不从几，今体虎字从几是从人讹变，并非本来作几。今体皆字是个简化字（皆），先把双虎变单虎，再去虎头，只留虎脚和下面的曰。[2]《说文解字》把皆字收入白部，以为从比从白。这是更加晚起的写法。

黎侯，古书多作耆侯。楷与耆都是群母脂部字，可以通假。楷侯就是耆侯。[3]

传说武王胜殷后，曾封帝尧之后于黎（《吕氏春秋·慎大》、《史记·周本纪》），尧是祁姓。但李学勤先生论证，西周铜器铭文中的楷国却是姬姓国。[4]

墓葬年代，发掘者定为西周中晚期，但从器物特征看，应属西周晚期。

（二）长治地区的商代青铜器

长治地区，除了西周黎侯国的遗存，从道理上讲，还应有商代黎国的东西。

1986年，黎城县博物馆曾在当地采集到商

长子北高庙出土的商代铜鼎

武乡上城村出土的商代铜壶

---

[1] 徐宝贵《石鼓文整理研究》，北京：中华书局，2008年，下册，86页。
[2] 参看：高明、涂白奎编著《古文字类编》增订本，下册，1260页。
[3] 山西省考古研究所的韩炳华先生曾以《黎国新探》见示，向我咨询楷字应如何考释，我在2007年1月17日的复信已向他提供上述意见。
[4] 李学勤《从清华简谈到西周黎国》，《出土文献》，1—5页。

代的鼎、觚、爵。不仅如此，长治地区的其他县市，也出土过几批商代铜器。如长子北高庙、潞城微子镇、屯留上村、武乡上城村，以及长治市西白兔、屯留城北，都有发现。[1] 这些铜器，有些属于二里冈上层，有些属于殷墟时期，都是典型的商代器物。我想，这批铜器中很可能就有商代黎国的东西。

虽然，目前我们还不能判定黎国的疆域范围到底有多大，但大致可以判定，黎国应在今长治地区，特别是今黎城—潞城—长治市—长治县一线。武乡、沁县、襄垣、屯留、长子、沁源在其西，平顺、壶关在其东，可能也在它的范围里。

至少，黎城在黎国境内是没有问题的。

六、"黎"与太行八陉

三晋大地，表里河山，自然天成。山西者，指太行以西。

太行山在华北大平原的西侧，自古有广狭二义。狭义的太行山，专指上党地区东侧的太行山：一条山脊拔地而起，像一道脊梁，苏东坡说，"上党从来天下脊"。广义的太行山则还包括其延伸部分。太行山向北延伸，是恒山；[2] 向东北延伸，是燕山；向西南延伸，是中条山。这四条山脉连在一起，正好是中国大陆三级台阶第二级的边缘。

---

[1] 长子北高庙的发现，见山西省文物管理委员会（郭勇）《山西长子县北郊发现商代铜器》，《文物资料丛刊》第3辑（1980年），198—201页；屯留上村的发现，见侯艮枝《山西屯留上村出土商代青铜器》，《考古》1991年2期，177页；武乡县上城村的发现，见王进先、杨晓宏《山西武乡县上城村出土一批晚商铜器》，《文物》1992年4期，91—93页。其他多属采集品，见长治市博物馆陈列。

[2] 曲阳以北的太行山，古代也叫恒山。现在说的恒山，则指广灵—浑源—繁峙一线的山脉。

广义的太行山有八个著名山口,古人叫"太行八陉"。陉是山口,它们的名字一般是以外口命名。

太行北段有三陉:军都陉是穿越燕山的山口,飞狐陉和蒲阴陉是穿越恒山的山口。

太行中段有二陉:井陉是太原到正定的山口,滏口陉是黎城到邯郸的山口。

太行南段的三陉:白陉是陵川到辉县的山口,太行陉是长治到沁阳的山口,轵关陉,是穿越王屋山的山口,从侯马到济源,是走这个山口。

太行八陉,与上党有关,是井陉、滏口陉、白陉、太行陉。

上党地区,靠近太行山的黎城、平顺、壶关、陵川、晋城五县,各有各的山口。其中以黎城和晋城的山口最重要。

《汉书·地理志上》说上党郡有四个重要关口:上党关、壶口关、石研关、天井关。上党关是上党西关,壶口关是上党东关,石研关是上党北关,天井关是上党南关。[1] 这四个关,除上党关在屯留西,是太岳山的关口;其他三关,都是太行山的关口。

《后汉书·冯衍传》:"夫上党之地,有四塞之固,东带三关,西为国蔽……"注:"三关谓上党关、壶口关、石陉关也。陉音形。"所谓"东带三关"就是指太行三关。石陉关即石研关。

上党四关的太行三关,石研关是控扼井陉,天井关是控扼太行陉,没有问题。但壶口关的位置却有二说,一说是壶关县的壶口关,一说是黎城县的壶口关,过去有争论,有人调停二说,以为先有壶关县的壶口关,后有黎城县的壶口关,黎城县的壶口关是晋灭潞子国复立黎侯才有。[2] 但我做实地勘查,印象相反:壶关县的路很险,远不如黎城县的路通畅。黎城

---

[1]《潞安府志》(顺治版、乾隆版),168 和 527 页。
[2] 杨守敬、熊会贞《水经注疏》,段熙仲点校,陈桥驿复校,南京:江苏古籍出版社,1989 年,上册,918—919 页。

县的路，自古就是通衢大道。这两个关，谁更重要，当然是东阳关。今309国道就是走这条道。旧志都说，汉代的壶关应该是东阳关。[1]

七、"黎"与山西六道

山西境内的交通要道，有六条古道最重要：三纵三横。

山西境内的三条纵道，一条是大同到太原的路，一条是太原到永济市蒲津渡的路，一条是太原到晋城的路。这三条大道，也可以说是两条大道。一条是沿同蒲铁路，走晋西南的大道；一条是沿今208、207国道（旧白晋铁路是走这条道），走晋东南的大道。

山西境内的三条横道，一条是大同到灵丘，经涞源，翻五回岭，走易县、顺平（古蒲阴城在顺平），去保定、定州、正定的路，穿越蒲阴陉，靠北；一条是太原到正定的路，穿越井陉，居中；一条是长治到黎城，经涉县、武安，去邯郸的路，穿越滏口陉，靠南。北边的路，是北魏皇帝从大同去河北的路，其实是一条斜道；中间的路是自古连接山西、河北的通衢大道，最通畅，南边的路也比较通畅。山西的石窟寺艺术向东传播，主要走这条道。著名的响堂山石窟就在滏口陉的东口上。

这六条道，有三条与上党有关。一条是正定到太原的路，可以从北面威胁长治，一条是邯郸到黎城的路，可以从东面横插长治；一条是太原到晋城的路，可以从南面威胁长治。后两条道与上党的关系更直接。黎城卡在第二条道的山口上，沁阳卡在第三条道的山口上。这两个地点尤其重

---

[1]《潞安府志》（顺治版、乾隆版），168和527页。

要,自古就是兵家必争之地。[1]

战国晚期,秦攻上党,南北夹击。《史记·白起王翦列传》说,秦昭襄王四十四年,"白起攻南阳太行道,绝之",次年,"伐韩之野王。野王降秦,上党道绝"。"南阳太行道"、"上党道"就是指沁阳去长治的路。当时,韩上党郡守冯亭说"郑道已绝",以上党归赵。"郑道"就是指长治去新郑的道,中间要过太行陉。当时,赵军的北面和南面都被秦军堵死,只好决战长平。

秦始皇五次巡狩。前218年,他第二次去山东,返程,"道上党入",估计就是从井陉或滏口陉入,从太行陉出,然后返回咸阳。[2]

八、黎国的战略地位

黎是商王畿的门户。《左传》昭公四年:"商纣为黎之搜,东夷叛之。"(《韩非子·十过》有类似的话)今本《竹书纪年》:"(帝辛)四年,大搜于黎。"黎城和安阳,关系最密切。

司马迁说,"殷人都河内"(《史记·货殖列传》)。所谓河内是指夹在太行山(狭义太行山)外侧与黄河内侧之间的地区。殷墟(安阳)居河内之北,轵县(济源)在河内之南,正好是一头一尾。[3] 朝歌在淇县南,正

---

[1] 1938年2月17—18日,李家钰率川军第47军在黎城东阳关与日军激战。3月31日,徐向前率八路军129师在山西黎城东阳关至河北涉县响堂铺一线与日军激战。两次战斗都发生在东阳关一带。

[2] 前210年,秦始皇第三次去山东,死在沙丘(河北广宗的大平台)。为了掩人耳目,乃走北路,从井陉入山西,北上云中、九原,假装视察北方边郡,从人烟稀少的地区,经直道返回。我估计,他原来也是想从沙丘到邯郸,自滏口陉入,自太行陉出,经上党返回,但走到沙丘,却死了。

[3] 吴起说,"殷纣之国,左孟门而右漳、滏",有险无德不能守(《战国策·魏策一》),司马迁引之,把"左孟门而右漳、滏"改成"左孟门,右太行"(《史记·孙子吴起列传》)。孟门即白陉,在河内之地的西南,漳、滏二水从太行流出,在河内之地的东北。

好挡在通往殷墟的路上。武王师渡孟津，固然可以沿太行山的外侧，先攻淇县，再攻安阳，但最好是南北夹击，另出一军，遮于邯郸、临漳，阻其退路。

上党在太行西北，商王畿在太行东南，互为表里。我们要注意，太行两侧的城邑彼此有对称关系。如太原对井陉、鹿泉、正定、藁城，黎城对涉县、武安、邯郸、临漳，长治对林州、安阳，陵川对辉县，高平、晋城对沁阳。

黎、潞之地在秦汉上党郡。秦汉上党郡，大致相当整个晋东南地区，范围很大，既包括北面的长治地区，也包括南面的晋城地区。这个地区，上党盆地是核心。盆地西有太岳，东有太行，被大山包围，只有中间一块相对低平。黎、潞之地就在这个盆地里。

今长治地区的12个县市，是在这个盆地里或它的边上。沁源、沁县、屯留、长子西邻太岳，黎城、潞城、平顺、壶关东邻太行，武乡、襄垣、长治市、长治县夹在中间（其辖域约与明清潞安府相当，但明清潞安府不包括武乡、沁县、沁源）。古代的黎国大致就在这一带，没有问题。

黎城的东阳关，是去邯郸、临漳的路，正好在安阳的北面，此地失守，将对安阳构成重大威胁。

九、文武图商路线图

《容成氏》讲文王伐九邦，九邦是丰、镐、舟、䣙、于、鹿、耆、崇、密须。[1] 这九个地名对研究文武图商很重要。

---

[1] 这九个国家，不一定都是文王所灭，也可能包括武王所灭。其顺序，既不是按灭国先后排列，也不是按地域分布排列，似乎没什么规律。

周人灭商,第一步是统一周地,第二步是兼并夏地,第三步是直取商王畿。

(一)周灭丰、镐、密须是为了统一后方

周起岐山,秦兴宝鸡,都是从西北征服东南(后来的汉唐也是如此)。秦人的都邑多半尾随周的都邑,亦步亦趋。秦境,西门在宝鸡,东门在潼关。八百里秦川,可分三段:

(1)汧渭之会是西段,秦都陈仓(宝鸡)和雍(凤翔),周都周原(扶风、岐山),西有西陲(天水、礼县一带)、南有汉中。牧誓八国就是宝鸡地区周围的国家。这是周、秦的大后方。

(2)泾渭之会是中段,秦都咸阳,周都丰、镐,咸阳在西,丰、镐在东,正好在这一带。周灭丰、镐,才能东进;灭密须、犬戎,才能翦除来自泾、洛上游的威胁。伏生、司马迁都把周灭密须放在受命三年,把伐犬戎放在此年之前或之后。今本《竹书纪年》则把伐密须和密须投降放在帝辛三十二年和三十三年,并谓密须降周,周人才迁都于程。程也在这一带。

(3)洛渭之会是东段,临潼以东是华山。华县在少华山北,华阴在太华山北。它的东面是潼关。春秋战国时期,这一带是秦、晋争夺的战略要地。周人出关,先要夺取这一地区。

(二)周灭鹿、崇、舟是为了尽取河南之地

潼关临黄河拐弯处,前面是灵宝县的函谷关,函谷关有如瓶颈,一出瓶口,便是夏人的故地。北面是山西的临汾地区和运城地区,南面是河南的三门峡地区和洛阳地区。

鹿、崇在河南嵩县,舟在新郑,都在黄河以南。周人只有占领嵩县—新郑一线,才能控制洛阳—偃师—巩义—荥阳—郑州一线。武王伐商,师渡孟津，就是从洛阳、偃师一带北上。伏生和司马迁都把伐崇放在受命六年。

（三）周灭邘、于、耆是为了包围商王畿

邘、于、耆都在黄河以北，都是商的与国。邘即石邑，在河北鹿泉，守在井陉的东口（土门关）上。于即邘或盂，在河南沁阳，守在太行陉的南口上；耆即黎，在山西黎城，守在滏口陉的西口上。此即上文所说上党四关中靠近太行山的三关。伐于，伏生说在受命二年，司马迁说在受命五年。伐耆，伏生说在受命五年，司马迁说在受命四年。今本《竹书纪年》则把伐于、伐耆、伐崇放在同一年，即帝辛三十四年。

我认为，从军事地理学的角度考虑，周灭商，关键是夺取上党地区。只有夺取上党地区，才能尽取河内之地。

十、毕公与山西

《论语·泰伯》说，武王有"乱臣十人"。马融说，这十人是文母（即文王妻太姒）、周公、召公、太公、毕公、荣公、大颠、闳夭、散宜生、南宫适。其中称公者有五，他们是周公、召公、太公、毕公、荣公。这个名单中没有祭公、辛甲、史佚（作册逸）、鬻熊。

上述五公，太公、周公、召公最有名。《史记》三十世家，只有《齐太公世家》、《鲁周公世家》、《燕召公世家》，没有毕公和荣公的世家。毕公只是在《魏世家》中作为毕万的祖先被提到。

《耆夜》篇讲饮至，参加宴会的人物，除去武王，还有六人。毕公高为客，是宴会的主宾（应与作册逸相对，坐在堂西）；召公奭为介，是毕公高的陪客（应坐在毕公的旁边）；周公旦为命，属于司仪；辛公甲为位，是负责安排座次的人；作册逸为东堂之客，是宴会的另一嘉宾（应与毕公

高相对，坐在堂东）；太公吕尚父为司政，监饮酒。

上述六人，毕公高是主宾。李学勤先生猜测，伐耆之役，毕公是主帅，很合理。

上述人物都是武王倚为心腹的王朝重臣。齐太公是周人东征的主帅，《左传》僖公四年记召康公（即召公奭）之命，授权太公，"五侯九伯，女（汝）实征之"，各大占领区都归他管。周公封鲁，召公封燕，都是遣长子就封，本人留任王室。古人说，成王时，周、召二公为师保，"夹陕而治"（《书·君奭》马融注）。他们都是坐镇洛阳的顾命大臣。毕公、荣公是什么职守，不太清楚。但我们知道，毕公的后代是晋六卿中的魏氏。[1]

周克商，以夏地之北封晋，重心在曲沃、侯马、翼城一带。主要活动范围是晋西南，即今运城地区和临汾地区，东周时期叫河东之地，秦汉时期立为河东郡。魏氏是毕氏灭魏后所封，最初在芮城；韩氏是灭耿后所封，最初在河津（龙门口上）；赵氏是灭霍后所封，最初在洪洞，都在晋的周围。

战国时期，三家分晋，国都屡迁。韩国的活动范围主要是晋东南和它以南的洛阳、郑州一带，魏国的活动范围主要是晋西南和豫北、豫中，赵国的活动范围主要是晋中、晋北和河北。战国初年，魏氏最显赫。

魏氏之所以叫魏氏，可能是因为与媿姓通婚，同居于魏（在芮城附近）。M2的墓主（男性）为倗氏，据考，即怀姓九宗（媿姓九族）中的冯氏；M1的墓主（女性）则是毕公之后。[2]

我们从这种关系看，毕公之后在山西者应与媿姓互为姻娅。

---

[1] 晋六卿，四卿出于姬姓：知氏、中行氏出荀氏，荀氏是文王之后封于晋；韩氏是武王之后封于晋；魏氏是毕公之后封于晋。另外二卿，范氏传出帝尧之孙刘累之后，赵氏是嬴姓入晋者。
[2] 山西省考古研究所等《山西绛县横水西周墓地》，《考古》2006年7期，16—21页；李零《冯伯和毕姬》，《中国文物报》2006年12月8日，第7版。

楷大司徒仲车父簋

楷大司徒仲车父簋铭

可见毕公与山西有不解之缘。

2011年11月9日写于北京蓝旗营寓所

补记：12月2日，陈伟教授提交会议的论文《也说清华竹书〈耆夜〉中的"夜爵"》值得一读。他认为"夜爵"仍应读为"舍爵"。"舍爵"三见《左传》（分别为桓公二年、文公十八年、定公八年）。其中定公八年传说："凡公行，告于庙；反行，饮至、舍爵、策勋焉，礼也。"恰好是把舍爵当作班师回来后与饮至并行的仪节。这个意见似更合理。

补记二：2013年9月在西安大唐西市博物馆见楷大司徒仲车父簋，铭文作"楷大司徒仲车父作宝簋，用享孝"，疑出塔坡墓地。

（原载于陈致主编：《简帛·经典·古史》，上海古籍出版社，2013年）

段村千佛塔

武乡访古记

武乡是我的故乡。我爸爸家是北良侯村,妈妈家是石人底村。他们的骨灰已安葬于故乡的土地。

我第一次回老家是我五岁那年,爷爷去世,爸爸妈妈带我和我二姐回家奔丧。后来,"文革"插队,我在老家生活过五年,有很多亲戚朋友在那里。

老家给我留下终生难忘的印象。

一

武乡是个有光荣革命传统的地方,不但中国有名,外国也有人知道。最近,侨居悉尼的尚晓援教授送我一本书,是国外学者研究中国革命的书,书名叫《革命中国的社会变迁和政治变迁》,重点是写抗战时期的太行区,其中就特别写到武乡。讲武乡的部分,特别提到我父亲。[1]

我很为我的家乡自豪。

讲革命,武乡有很多故事。讲历史,武乡也有很多故事。可惜的是,外间了解武乡历史的人太少。武乡历史的闪光点在哪里,他们并不知道。

打开地图,这块横长竖短,东高西低,好像一块红薯的土地(东西长

---

[1] David S. G. Goodman, *Social and Political Change in Revolutionary China, the Taihang Base Area in the War of Resistance to Japan, 1937-1945*, Lanham: Rowman & Littlefield publishers, Inc., 2000, pp.60, 107, 108, and 111.

150公里,南北最窄处只有10公里),无论从地理单元看,还是从历史沿革看,都很明显是分为两块儿,俗称东乡和西乡。

东乡,属西晋的武乡、北魏的乡县,主要在浊漳河的两岸,历史上和榆社关系更大。西乡,是战国秦汉的涅县,主要在涅水的两岸,历史上和沁县关系更大。

东乡的中心是故县,西乡的中心是故城。两个"故"都很古老。

最近,老家的马生旺同志邀我到武乡考察文物古迹,让我学到很多新知识,我想把我的印象说一下,供大家参考。

这次回武乡,我的考察重点是两"故"。马生旺同志安排我先到故县参观,再到故城参观。陪同考察,有我的老朋友李云生同志、武乡文管所的老领导王照骞同志、我的族兄李怀璧老师、我的表哥李社雄老师,还有县文管所的李驰骋同志和籍建军同志,一路得到他们的指点与帮助。

(一)东乡

我们看了"石勒寨"和"石勒城",还有高沐鸿故居(武乡共产党组织建立的地点)和高沐鸿墓。西垴上,普济寺旧址立有"丈八佛",大小与北良石菩萨相近,原来的雕刻,从残存纹饰看,非常精美,可惜风化严重。

(二)西乡

我们看了良侯店石窟、石窑会石窟、故城大云寺、涅县故城残墙、北良福源院、北良石菩萨、东良洪济院、东良千佛塔。当年,我为北良石菩萨盖保护建筑,挖出过北朝文物:造像塔石、石碑和佛头,现在还在。

这次,时间仓促,很多地点没跑,但故地重游,还是有不少新的收获。

二

中国古建,山西最多。山西古建,晋东南最多。这次回山西,古建是考察重点。

武乡，国保（国家重点文物保护单位）级的古建有三个：东乡的会仙观，西乡的大云寺和洪济院。从前，大云寺和洪济院只是县保（县重点文物保护单位），现已升为国保。2005年，国家文物局拨款150万，对大云寺落架重修，可见国家很重视。

武乡的古建，文物价值高，不止这三座古建。这里，我想指出，西乡的古建，北良的寺庙也很重要。这不是因为我是北良人才这样讲。北良的寺庙属于武乡。我是说，研究武乡的历史，它非常重要。

北良的寺庙，是元代建筑，年代晚一点，保存状况不太好，未能入选国保，但北良石菩萨是省保（省重点文物文物保护单位），它们是一个整体。

这座庙，据庙上的地震碑记载，是元大德癸卯（1303年）赵城大地震后重修。我们村的居民是这次大地震后，从北边和西边陆续迁来。[1] 西配殿的琉璃脊刹，我仔细看过，上面有泰定元年（1324年）的题记。此题记可以证明，它是680多年前的古建。

此外，我有一个发现，可以证明北良的寺庙比这更古老。我们都知道，这座寺庙的东面立着个北朝石菩萨。当年我给它盖房子，不但找到早期寺庙的地面，还亲手挖出过一些北朝遗物，其中有一块北朝石碑，明确记载，这座庙本来叫"梁侯寺"。

这块碑为我们揭开了一个秘密：今北良侯村的名字就是来源于这座寺庙，旁边的村子也和它有关。

过去我们只知道，北良的寺庙，元代叫瑞云禅寺，后来叫管泉院和福源院，因为庙的南面有个卧龙泉。现在，有这块碑，我们才终于明白，它是以"梁侯"为名。这座庙的东面为什么叫东良村，西面为什么叫西良侯村，南面为什么叫南良侯村，道理很简单，它们是个四村合一的寺庙

---

[1] 据李怀璧《北良侯李氏家谱》（自印本，2005年1月）考证，北良李氏，三甲、四甲迁自北良北面石盘乡的胡庄，五甲迁自北良西北的木则沟（现属平遥）。我家属于五甲。

群。北良是这个寺庙群的中心。

东良,有洪济院,现在是国保级的古建。它的西北角有一座北朝的千佛塔,说明前身也是北朝的寺庙。[1]

西良,有瑞云寺,与北良的瑞云禅寺同名,1958年拆毁。

南良,明代末年改名大寨,有过什么寺庙,还要调查。

三

这次考察,有两个新收获,一是发现武乡西境的石窟与梁侯寺有关,二是发现大云寺的前身也是北朝寺庙。

我们先说石窟。我说的石窟,一是良侯店石窟,一是石窑会石窟。这两个石窟,过去只有耳闻,从没去过。这次了却了我的一桩心愿。

良侯店石窟和石窑会石窟,位置在武乡西境的分水岭(分南)一带,修路,不好走。分水岭是昌源河和涅河的分水岭,石窑会在其北,良侯店在其南。从前到权店坐车,经常走这条道。大同到洛阳,这里是必经之地。

这次到太原,我跟山西省考古所的张庆捷先生请教过山西的石窟寺考古。张先生说,山西的石窟寺,除云冈石窟,主要在太原以南,特别是晋东南。晋东南的传播路线,太原去洛阳是一条线,太原去邺城是两条线。太原到洛阳,是走太谷、祁县、武乡、沁县、襄垣、长治、高平、晋城和济源。太原到邺城,北边一条,是走太谷、榆社、左权、黎城、涉县、武安和磁县;南边一条,是走太谷、祁县、武乡、襄垣、黎城、涉县、武安和磁县。他率中日考察团去过良侯店石窟。这个石窟,年代在北魏迁洛之前,晋东南,属它最早。太行八陉是山西通河北、河南的八个出口。去洛

---

[1] 故城北面,西高东低,北良地势高,石人底地势低。我怀疑,石人底村之所以叫"石人底",就是因为位于北良石菩萨的下方。

阳,出口是太行陉(在河南沁阳);去邺城,出口是滏口陉(在河北磁县)。

出发前,做功课,从地图上看,良侯店的位置正好在北良的西面,两个地点之间有一条小河,可能有小道。我猜,这个良侯店与梁侯寺肯定有某种关系,不然不会叫这个名。李怀璧老师说,他父亲在这边教过书,两个地点之间确实有一条小道。这次调查,我们终于弄清,其路线是:良侯店—沙沟—马圈沟—果则沟—尖沟—范家五科—西湾—西良,距西良大约只有10里路,很近。

这次去西乡,出发前,我看过县文管所的文物。其中最重要,是2005年大云寺出土的文物,一是北齐河清四年(565年)的造像碑,二是三个巨大的北朝佛头。此庙重修,正殿梁上发现落架题记,可以证明,现存建筑是金大定十五年(1175年)重修,已经很早,有了这些文物,事情很清楚,大云寺的前身是北朝寺庙,年代还要早。

这次发现的北齐造像碑,《武乡新志》卷三载程林宗《新修大云寺记》已提到。他说"惟残碑有'大唐河清四年',余则漫漶矣"。[1] "河清四年"是北齐年号,不是唐代年号。这次看到原碑,"大唐"是"大齐"之误,其他文字可以通读。大云寺的名字,从正殿墙上的北宋石刻看,原来叫严净寺。

大云寺的正殿叫"三佛殿"。这次发现的三个佛头,只有头,没有身子,原来应该立在这个大殿中。莲花座应该有三个,现在只有一个。

种种材料表明,不但北良一带的寺庙是个北朝寺庙群,故城镇的寺庙,前身也是个北朝的寺庙。

四

研究历史文物,我们要有大局观。

---

[1] 马生旺主编《武乡县志》(康熙版、乾隆版、光绪版、民国版),北京:中华书局,2006年,938—939页。

这次回山西,除了看古建,看石窟,看博物馆的文物,我有一个目的,是想看一下晋东南地理的大形势。

我觉得,没有地理眼光,很多问题看不清。

首先,我们应该注意的是晋东南的道路。

现在的208国道和207国道,是大同到洛阳的干道。太原到长治是走208国道,长治到洛阳是走207国道。抗战期间,八路军破袭的白晋铁路(从祁县白圭镇到晋城),就是走这条路。

《武乡新志》说,今武乡西境,走南关、窑儿头、土门、石窑会、分水岭、五里铺、良侯店、勋欢、权店九个驿站的古驿道是"太原与潞、泽之通衢,即省路之大干也"(案:"潞"是长治,"泽"是晋城)。[1] 故城镇的位置在这条官道的东侧。

故城镇是战国和汉代的涅县。东汉时期的治所就是后来的大云寺。祁县、高平等地经常出土战国货币,上面就有这座古城的名字。它的残垣,至今还保留在地面。

涅县,包括武乡的西乡和沁县的北部,中心是故城镇。

这次,我们不但考察了武乡西境的古驿道,离开武乡,还去了沁县。我们去沁县,主要是看南涅水石刻,也顺便看了普照寺和大云院。石刻是北魏到唐宋时期的遗物,寺庙有金构的古建,和涅水北岸,情况相似。

南涅水石刻,雕刻精美,数量巨大,绝对是国宝,可惜搬离原址建馆,失去申报国保的资格。

南涅水在沁县北部,与武乡的北涅水只隔一条河(涅水),当年我去过。那里有个洪教院,和沁县大云院有关,前身也是北朝的寺庙。北魏时期,沁县北部属于涅县,和武乡西乡属于同一个县。沁县的普照寺、大云院和洪教院,都在古涅县的范围内。

---

[1] 马生旺主编《武乡县志》(康熙版、乾隆版、光绪版、民国版),927—928页。

毫无疑问，它们与涅水北岸的寺庙属于同一个整体。

五

接下来，我们去了长治，除参观长治市博物馆，看长治地区的文物，还到长治周边做过一些考察：

一是看长子的法兴寺、崇庆寺、护国灵贶王殿。

二是看高平的羊头山石窟、清化寺、古中庙、开化寺。

三是看潞城的原起寺。

四是看平顺的天台庵、大云院、龙门寺。

离开长治回北京，我们的路线是：长治—黎城—涉县—武安—磁县—临漳—邯郸，最后从邯郸返回北京。

在临漳，我们看了邺城遗址和遗址出土物。

在邯郸，我们看了邯郸市博物馆。

回北京的路上，我们还去内丘看了扁鹊庙和当地出土的东汉辟邪。

这次，真正跑调查，只有9天，凡历13县市，访古城遗址3、石窟3、寺庙16、寺庙遗址1、博物馆6、文管所1，行程2200公里。

我从邯郸回北京，主要想看一下山西石窟寺向河北发展的孔道。可惜，时间不够，没去响堂山。

这条道太重要。

第一，它是商王朝进出山西的孔道，长治地区出土过不少商代铜器（长治、长子、潞城和屯留都出过，武乡阳城也出过）。太行八陉，滏口陉离安阳最近，晋东南出商代铜器，太正常。

第二，石窟寺东传，南北二线都要走黎城，黎城是东出滏口陉的交通要道。周灭商，有所谓"西伯戡黎"。"西伯戡黎"的"黎"就是这个"黎"

（古书也作"耆"）。这次到黎城县博物馆，我们调查过近年出土的楷侯宰铜器。过去，山西省考古所的韩炳华同志来信，我在复信中指出，"楷侯"就是"耆侯"，"耆侯"就是"黎侯"。黎侯是周人在此封建的诸侯。

第三，这条道是石勒来往于武乡、邺城的必经之路，研究石勒，也要考虑这条道。

第四，八路军、解放军从太行山南段挺进河北，这也是必经之路。我二姐生于武安，我生于邢台，就是父母进北京在这条道上生的。

六

这次回武乡考察，马生旺同志希望我就石勒的出生地发表一点意见。我听说，这个问题有争论，主要分歧在于历史上武乡辖区有变化，有人说在榆社，有人说在武乡，这两个县是邻县，历史上都叫过武乡。

我对石勒缺乏调查，没有调查就没有发言权。

这里只就故里开发讲几句感想。

第一，地方上搞故里开发，经常是名人争夺战，谁官大宣传谁，比较短视，旅游的考虑压倒一切。很多宣传没有根据，很多争论没有必要。我认为，研究历史文物，需要的不是争论，而是合作，特别是邻县之间的合作（比如我对西乡寺庙的考察，就是合武乡、沁县两县的东西而观之），不必以县划界。石勒是大活人，活动范围极广，并不属于哪个县。研究石勒，应该走出去，对后赵做全面调查，起码要在武乡、临漳之间跑一跑，像我这样，跨县跨省跑一跑。比如襄垣县西营镇有石勒城，就在武乡的边边上，那里的出土文物是什么样？应该看一看。邺城遗址出土文物很多，这次在邺城考古工作站的库房翻看，后赵的瓦当很有特色，武乡有没有这类东西，总得比一比吧。不比，我们怎么知道石勒的东西是什么样。

第二，地方上搞故里开发，经常是破旧立新、毁真造假，真古迹、真文物，不知好好保护，假古迹、假文物，倒是大把大把投钱。这股歪风已经刮了很多年，我们不能学。讲旅游开发，要有科学依据。研究历史，文献缺佚，考古佐证很重要。我是学考古的，喜欢凭实物讲话。这次回武乡，我一直问县里的同志，后赵时期，到底有什么？哪怕一砖一瓦也好。我希望，大家能把真正属于这一时期的文物搜集一下。当然，这需要审慎的鉴定，需要科学的研究。顺便说一句，《武乡新志》有枚方印，九叠篆，印文作"天水赵正之记"，那是年代很晚一个叫"赵正"的人的印，绝不是"石勒御印"。[1] 我建议，今后不必拿它作证据。

第三，这次回武乡，我的所见所闻很有限，东乡的很多地点都没去。马生旺同志说，研究石勒，有两个地点最重要，一个是故县，一个是南神山。遗憾的是，时间匆忙，我只看过故县的"石勒寨"、"石勒城"和西寺遗址的"丈八佛"，武乡的南神山一带、襄垣县的石勒城一带，还没来得及看。我的印象，武乡文物资源很丰富，有些比石勒早（如阳城出土的商代铜器），有些比石勒晚（如北朝石窟、北朝石刻和宋金元古建），不一定都跟石勒有关。没关系也不一定不重要。武乡历史，可研究的问题很多。武乡古迹，可参观的地方也很多。我们不一定非把武乡的文物全都跟石勒拉扯到一起。我希望，将来武乡办博物馆，最好是有什么摆什么，没有，可以探索，可以研究。只要是心平气和的讨论，都是有益的。

以上意见仅供参考，不对的地方，请大家批评。

2008年2月16日写于北京蓝旗营寓所

（原载马生旺主编《石勒——武乡千古一帝》，北京：中国社会出版社，2009年）

---

[1] 马生旺主编《武乡县志》（康熙版、乾隆版、光绪版、民国版），929页。

北良侯村（叶南 摄）

梁侯寺考
——兼说涅河两岸的石窟和寺庙

我的老家是山西武乡县北良侯村,这个村名来源于一座北朝寺庙:梁侯寺。1970—1975年,我回老家插队,对涅河两岸的文物古迹留下深刻印象。2008年8月,山西省武乡县的马生旺同志邀我回乡,再次访古,让我学到更多的东西。这里试把我在武乡西部和沁县北部考察的结果说一下,研究石窟、石刻、古建者或有取焉。

一、地理环境,良侯店即梁侯驿

我要介绍的寺庙群是围绕武乡的故城镇和沁县的南涅水村。前者在涅河的北岸,后者在涅河的南岸。

现在的武乡县,横宽竖窄,形状好像红薯。它的县城,现在在段村,过去在故县。故县的位置,大体在县境的中央。故县的西部和东部,明显是两个不同的地理单元,语言、风俗都有差异。老百姓的习惯叫法是"西乡"和"东乡"。[1] 武乡的西部和沁县的北部,现在分属两个县,但在历史

---

[1] 1940—1945年,武乡县曾分为武乡县和武西县,武乡县是武乡东部,武西县是武乡西部。

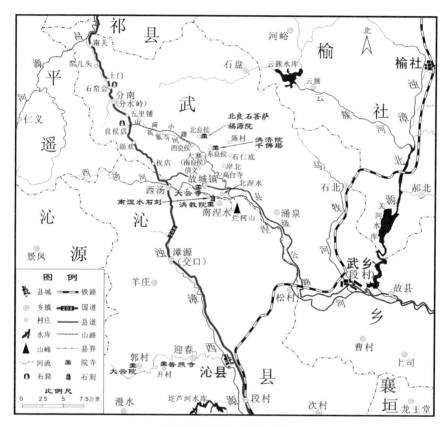

涅河两岸的寺庙群（马保春 绘）

上却属于同一个县，即古代的涅县。涅县是以涅水而得名。

(一) 涅河

涅河即古涅水。郦道元讲浊漳河，曾述及此水：

> 漳水又东北，历望夫山。山之南有石人，竚于山上，状有怀于云

表，因以名焉。有涅水，出覆甑山而东流，与西汤溪水合。水出涅县西山汤谷，五泉俱会，谓之五会之泉。又东南流，谓之西汤水。又东南流，注涅水。又东迳涅县故城南，县氏涅水也。东与白鸡水合，水出县之西山，东迳其县北，东南流入涅水。涅水又东南，武乡水会焉。水源出武山，西南迳武乡县故城西，而南出得清谷口。水源出东北长山清谷，西南与鞞䩅、白璧二水合，南入武乡水，又南得黄水口。黄水三源，同注一壑，东南流，与隐室水合。水源西北出隐室山，东南注黄水，又东入武乡水。武乡水又东南，注于涅水，涅水又东南流，注于漳水。（《水经注·浊漳水》）

郦氏两次提到"西山"，皆指今武乡西部的山区，即208国道穿行的山区。这一山区属于太岳山的东麓，上连祁县，下连沁县。

他说的"覆甑山"是"西山"的一个山头，杨守敬说，此山即今分水岭。[1] 分水岭是昌源河和涅河的分水处。昌源河自此北流，经南关，入祁县。涅河自此东南流，穿越整个武乡西部。208国道的这一段就是傍此二水而行。

他说的"西汤水"，即今西汤河，是涅水南岸的重要河流。其发源地也是"西山"。此水经沁县西北角，从沁县西汤村进入武乡，在武乡的磨里一带注入涅河。

他说的"白鸡水"，即今高寨寺河，是涅水北岸的重要河流。其发源地也是"西山"。此水东南流，经"良侯四村"（详下）和高台寺村，在故城东的北涅水一带注入涅河。此水今名得自高台寺。高台寺是现在的叫法，旧志作"高砦寺"（《武乡县志》乾隆版）或"高寨寺"（《武乡新

---

[1] 杨守敬、熊会贞《水经注疏》，段熙仲点校、陈桥驿复校，南京：江苏古籍出版社，1989年，926页。

志》）。[1]

他说的"武乡水"，即今浊漳北源（浊漳河的上游）流经榆社、武乡，与涅河汇合前的一段，俗称"关河"。

他说的"清谷水""鞬鞈水""白璧水""黄水"和"隐室水"，都是"武乡水"的支流。

他说的"漳水"，是涅水注入浊漳北源后的浊漳河下游。

涅水注入浊漳河，在今段村东、故县西，关河水库的南边。

（二）涅县

郦道元已指出，涅县之所以叫涅县，是因涅水而得名（"县氏涅水也"）。涅县的范围是涅水的两岸：今武乡西部是涅水的北岸，沁县北部是涅水的南岸。两岸都属于古代的涅县。

武乡，历史上和沁县、榆社、左权有关，其沿革要点，可撮述如下：

（1）战国，只有涅县，没有武乡。当时的涅县主要指今武乡西部和沁县北部。沁县南部属于铜鞮县。战国秦汉和魏晋南北朝，涅县的县治一直在今武乡故城镇。

（2）两汉，也只有涅县，没有武乡。当时的涅县，范围相当大，除今武乡西部和沁县北部，还包括今武乡东部和榆社、左权。

（3）西晋初年，涅县一分为三，分成涅县、武乡、䛊阳三个县。此时才有武乡。涅县是今武乡西部和沁县北部，武乡是今武乡东部和榆社，䛊阳是今左权。当时的武乡县城，不在今武乡境内，而在今榆社的社城镇。

（4）武乡地位上升，取代涅县，成为上述四县的中心，在十六国时

---

[1] 马生旺主编《武乡县志》（康熙版、乾隆版、光绪版、民国版），北京：中华书局，2006年，238页（乾隆版）和688页（民国版）。案：涅水支流，还有南涅水河、涌泉河、松村河、姜村河和马牧河，《水经注》的这段话没有涉及。

期。石勒出生于武乡。公元319年，石勒建后赵，始以武乡为中心，设武乡郡，辖涅县、辽阳。但当时，涅县还是涅县，武乡还是武乡，仍是两个县。

（5）北魏，武乡郡省称乡郡，武乡县省称乡县。公元491年，乡县的县城才搬到今武乡故县。当时，乡县和涅县也是两个县。公元529年，涅县一度改称阳城县。

（6）隋唐，上述四县分合无定。公元596—605年，阳城县一度改称甲水县，移治今沁县南涅水村。时至今日，当地人仍把涅河北岸的北涅水村和涅河南岸的南涅水村叫"北甲水村"和"南甲水村"。[1]

（7）今武乡县是割古涅县之北，合古武乡之南，合并而成，无论县名，还是辖境，都是沿袭唐代。唐代以前并不如此。

上述四县，唐以前，分合无定，但千变万化，始终围绕三个地理单元：

武乡西部和沁县北部，战国秦汉和魏晋南北朝一直叫涅县，是一个地理单元。

武乡东部和榆社，西晋以来叫武乡，是又一个地理单元。

左权，西晋以来叫辽阳，是第三个地理单元。

这三个地理单元，古涅县是涅水的南北两岸，古武乡是武乡水的东西两岸，古辽阳在武乡的东面，历史上与武乡关系大，与涅县关系小。

这里所谓的"涅河两岸"，主要指古涅县的范围。

（三）涅县的古道

今日去武乡，有高速公路和火车，穿太谷、榆社，可直达武乡县城，十分便捷，但古代的交通要道不是这条线。

古代的交通要道，从大同到洛阳，是走榆次、太谷、祁县、武乡、沁

---

[1] 涅水出分水岭护甲山。护甲山，原名胡甲山或侯甲山，甲水即侯甲水，是涅水的别名。《水经注·汾水》："侯甲水注之（指中都水），水发源祁县胡甲山，有长坂，谓之胡甲岭（岭），即刘歆《遂初赋》所谓越侯甲而长驱者也。侯甲亦邑名也，在祁县。"

县到长治，再经高平、晋城到洛阳。这条线是从武乡西境的峡谷穿行。民国时期的"太大线"（太原—泽州县大口村）或"太洛线"（太原—洛阳），以及1941年日本人修建后来被八路军拆毁的"白晋铁路"（祁县白圭镇—晋城），还有今208国道的主要路段，都是走这条线。[1]

《武乡新志》说，今武乡西境，走南关、窑儿头、土门、石窑会、分水岭、五里铺、良侯店、勋欢、权店九个驿站的古驿道是"太原与潞、泽之通衢，即省路之大干也"。"潞"是长治，"泽"是晋城（《武乡新志》），就是这条大道。[2]

这条大道，武乡段的九个驿站，南关北连祁县，权店南连沁县，是一头一尾。分水岭是这九站的中心，为分南镇所在。权店是分叉口，往南是去沁县，往东是去段村（1947年后的武乡县城）、故县（1947年前的武乡县城）。前者是省道，后者是县道，一条是纵道，一条是横道。后者，是傍涅河北岸走。

古代，太原到隆德府（今长治市）的大道上有个梁侯驿。梁侯驿到底在哪儿？学者猜测在襄垣。但《宋史·李筠传》说"张晖率先锋自团柏谷入营梁侯驿"，说明梁侯驿离祁县不远。今考良侯店有北朝石窟，窟东十里有"良侯四村"，"良侯四村"来自北朝之梁侯寺（详下），则梁侯驿即今良侯店无疑。[3]

---

[1] 李裕群先生说，关于这条路，文献记载较多，东魏、北齐时期，由太原至邺城（河北临漳）多半就是走这条路。唐代，太原到洛阳，也是如此。如敦煌文书P.4648《往五台山行记》记载的由洛阳途经武乡南石会关、北石会关至团柏口（即祁县子洪口）到晋阳，就是如此。

[2] 见马生旺主编《武乡县志》，927—928页（民国版）。

[3] 梁侯驿，见《续资治通鉴长编》卷十、《宋史》的《魏仁浦传》和《李筠传》。清顾祖禹《读史方舆纪要》引宋白说"梁侯驿在团柏南、太平驿西北"（卷四十二），这个大范围没有错，但他既说梁侯驿"在今潞安府西北九十里"（卷六），又说梁侯驿在"府西北百十里"（卷四十二），犹疑不能定，位置并不可靠。顾说梁侯驿的位置，约在太平驿西北10里或30里，后说似以今襄垣虒亭镇当之，过于偏南。严耕望把梁侯驿标在铜鞮县和太平驿之间（见氏著《唐代交通图考》第五卷：河东河北区，台北："中央研究院"历史语言研究所专刊之八十三，1986年，图十九），盖即根据顾说，现在看来并不对。

二、石窟会石窟和良侯店石窟

今武西山区,即郦道元说的"西山"。这一带,沿208国道,有两处石窟,一处是石窟会石窟,一处是良侯店石窟,武乡旧志和《中国文物地图集》山西分册(北京:中国地图出版社,2006年)都没收入。石窟会石窟在分水岭以北,良侯店石窟在分水岭以南。

(一)石窟会石窟

窟内的佛像被当地村民彩画一新,惨不忍睹,不知原来什么样,但此窟上方还有一个小龛是保存原状。

(二)良侯店石窟

窟内有六佛二菩萨(六佛是坐像,二菩萨是立像),雕刻精美,彩画痕迹犹在,可惜面部被破坏。当地村民说,1964、1983、1985年,石窟遭到三次破坏。我的朋友李云生当年给右侧二佛拍过照,照片上还有头,1996年,面部才全毁。

李裕群先生来此做过调查,他认为,此窟年代可以早到北魏迁洛之前,是晋东南最早的石窟。石窟所在的山崖,崖壁上还有9个晚期小龛(唐代的小龛)。[1] 这次到良侯店考察,我发现,石窟对面的山崖上也有一些佛像和题记,因为修路炸山,遭到破坏。[2] 这一带是否还有其他窟龛,还值得进一步调查。

这里,值得注意的是,良侯店和下面要谈的"良侯四村"有关。

---

[1] 参看:李裕群《山西北朝时期小型石窟的考察与研究》,收入巫鸿主编《汉唐之间的宗教艺术与考古》,北京:文物出版社,2000年,27—55页。
[2] 李裕群先生看过照片。他说,这是北朝遗迹。

良侯店石窟(彩画细部)

(1) 良侯店与故城镇北的北良侯、东良侯、南良侯(大寨)、西良侯四村同名。

(2) 从良侯店到"良侯四村",从现在的公路绕行,相当远,但从地图上看,直线距离很近。我请教过北良侯的李怀璧老师,他说他父亲在良侯店教过书,良侯店和西良侯之间有条小路,只有17里,路线是:沙沟—马圈沟—果则沟—尖沟—范家五科—西湾—西良。[1]

(三) 208国道沿线的寺庙

(1) 南关,有福兴寺(《武乡新志》)。[2]

---

[1] 范家五科,马生旺主编《武乡县志》703页(民国版)作"樊家五科"。
[2] 马生旺主编《武乡县志》,1032页(民国版)。又该书52页(康熙版)和379页(乾隆版)有"南关寺",疑非正名。

（2）分水岭，有广福寺（或广福院），在会同村，碑文记载，创建于唐代，正殿是金大定四年（1164年）重修，今庙是明清建筑。[1]又有福兴寺（《武乡新志》），与（1）同名。[2]

（3）勋欢，有雷音寺（《武乡县志》乾隆版）。[3]

（4）权店，有净果寺（《武乡县志》乾隆版）。[4]

它们是否还有更早的背景，也值得深入调查。

三、北良福源院与北朝梁侯寺

武乡西部泉水多。福源院，在故城以北的北良侯村，过去是学校和队部。我在那里教过书，印象很深。此庙，庙前有卧龙泉，日夜喷涌，泻入东晨沟水库，风景很好。福源院是清代的名字，[5]明代叫管泉院。这两个名字都和庙前的泉水有关。

今庙，包括正楼和东西配殿。[6]年代，《中国文物地图集》山西分册定在元明时期，说"创建与重修年代不详"。[7]这里有重新讨论之必要。

今庙年代，的确是元代，但到底是元代哪一年，值得研究。现在我们可以确定的是：它的西配殿是元大德七年（1303年）赵城大地震后重建，

---

[1]《中国文物地图集》，山西分册，北京：中国地图出版社，2006年，中册，378页。马生旺主编《武乡县志》1032页（民国版）说广福寺"在县西会同村岗上，创自金世宗大定三年"。

[2] 马生旺主编《武乡县志》1032页（民国版）说，武乡有两个福兴寺，"一在县西一百里分水岭村，一在县西一百二十里南关镇"。

[3] 马生旺主编《武乡县志》，379页（乾隆版）。又该书52页（康熙版）有"勋欢寺"，疑非正名。

[4] 马生旺主编《武乡县志》，379页（乾隆版）。又该书52页（康熙版）有"权店寺"，疑非正名。

[5] 马生旺主编《武乡县志》52页（康熙版）有"福元寺（在县西北）"，疑即此庙。

[6] 原来还有南房、钟鼓楼、戏台、奶奶庙、娘娘庙、土地庙、文昌庙、观音堂和卷棚等建筑，1947、1975、1988年，已陆续拆除。参看：李秀碧《北良侯村志》（自印本），76—77页。

[7] 见《中国文物地图集》山西分册，中册，377—378页。

福源院西配殿

重建年代大约在元泰定元年（1324年）和至正四年（1344年）之间。证据是下面介绍的元地震碑和脊刹题记。[1]

元庙之前，背景如何，大家不知道。但我从《武乡新志》发现一条材料，可以证明，它的年代还可上溯到宋金时期。

《武乡新志》说：

> 原建年代无稽，大定年改修。院有碑石一方，上书赵、曾、韩、欧阳衔。[2]

---

[1] 杭侃先生看过照片。他说，从斗拱看，福源院的东配殿也是元代遗存，正楼的年代比较晚。
[2] 马生旺主编《武乡县志》，1033页（民国版）。

"大定年改修",是在金代;"上书赵、曾、韩、欧阳衔",与下大云寺三佛殿的北宋石刻署衔相同。据此可以估计,所录也是敕赐庙额的牒文,年代当在北宋治平元年(1064年)左右,和大云寺三佛殿属同一时期。[1]

宋、金,在古建年代中已经相当早,但这还不是此庙的始建年代。《武乡新志》说"原建年代无稽",现在可以改写。我们从下面介绍的北朝石刻看,此庙前身是个北朝寺庙,名字叫梁侯寺,正与梁侯驿同名。

我把庙上的文物介绍一下。

(一)"北良石佛"

"石佛"为大型菩萨像,属北齐遗物,[2] 位于福源院正楼的东侧,高3.45米,莲台高0.44米,宽0.92米,通高3.89米,一直是省保单位。"石佛"原来暴露在野外,背后是土崖,石像有倾倒坠落之虞。1975年,省里拨款,决定将石像南移,修保护建筑。当时我在老家插队,参加过这一工程。[3]

这座"石佛",足以上在地面上,足以下是榫卯结构,牢牢插在地面下的莲台上,不把地面挖开,不可能移动。我们挖开"石佛"周围的地面,结果发现:

(1)"石佛"是用铁钱衬垫插在莲台上(盖宋代重修寺庙时用铁钱衬垫)。
(2)莲台底下的地面是砖铺的地面(只剩大约4平方米)。
(3)出土了一块北朝残碑(详下)。
(4)出土了两块造像塔石。
(5)出土了几件佛头。[4]

---

[1] 北良侯原有宋嘉祐八年(1063年)碑一通,据村中老人回忆,碑文开头作"夫之良侯者也,不知何代而立也",碑文是欧阳修56岁所撰,正是这一时期的东西。村中还有清雍正三年的《金妆碑记》,是记佛像涂金事。参看李秀碧《北良侯村志》(自印本),78—79页。
[2] 承李裕群先生指教。案:武乡故县西垴的所谓"丈八佛"也是北齐的大型菩萨像。
[3] 我们修盖的保护建筑,后来又被拆除,重修过一次。
[4] 当时,我曾写信给省里的文物部门,报告这些发现。

村民说，这一带，时有佛头发现。我想，"石佛"脚下即旧庙故址，它背后的地面已经塌陷在崖下。

"石佛"很美丽，惜村民无知，1989年竟将佛像油漆彩画，惨不忍睹。幸好我还珍藏着一张70年代我在老家拍摄的照片，犹可窥见原貌。

更可痛惜的是，1998年3月31日凌晨两三点，有文物贩子潜入村中盗窃文物，竟将佛头凿下，幸被村民发现，未被盗走，但文物已遭破坏。[1]

(二) 梁侯寺残碑

即上文提到的北朝残碑，1975年出土，残长42厘米，宽43.5厘米。铭文是刻在粗糙的砂石上，字迹已不太清楚，铭文作：

……□□□□灭泯灭，故视听
……古无以知来，由发慈觉，哀
……垂迹，迦维昙灵，白净曜瓘
……言之法得道，尘沙无缘，未
……□，使魔道日之复起耶？□
……非笃信琛□，广发弘慈，□
……沙门。梁侯寺渊禅师，久□
……心证，舍超然觉观，慧悟□
……□之常□□慧力盈矜□
……三百人等，尽心竭力□□（正面）
……□、勇思敬。
……仁、何绍和。

---

[1] 据村民回忆，此庙原来还有一件红砂石佛像，只有1米多高，非常精美，1936年被驻扎故城镇的军队派人抢走，当时村民曾试图拦阻，被开枪打伤。参看：李秀碧《北良侯村志》（自印本），78页。

"梁侯寺"三字摹本

梁侯寺碑(正)

梁侯寺碑(正)拓本

梁侯寺碑（背）

梁侯寺碑（背）拓本

……□、□□贵。

……□、□云珍。

……□、□□云。

……□□、□妙□、韩敬范。

……□拱、荆魄女、王欢姿、马世妃。

……□女、勇阿徒、马世姬、李明光。

……□好、薛妙胜、阎延光、陈元妃。

……玉、景明堂、李罗香、张荣妃。

……白光仁、勇买光、勇黑女。

……□□花、勇明堂、尹方好。（背面）

此碑太重要，它明确提到，此庙旧名"梁侯寺"。原来，"良侯"竟是"梁侯"，我们这一带的四个村子全是得名于这座寺庙！

（三）元至正四年（1344年）碑

原碑破碎，只剩下半。当年，我在村中见过碑身上半左侧的一块残石，是砌在一家房屋的房基里，残石文字可与碑文下半缀合。

1. 碑额

（缺）

2. 撰人和书者

……瑞云禅寺〔□□□□〕传（？）法绍禅师智珪撰，本院德聚书。（第1行）

3. 碑铭

〔□□□□□□□□□□□□□□〕世尊处祇树给孤独园陀罗尼门，流出真如清静空无相义，生诸正觉菩提顿□□〔□□□□□□□□□□□□□〕于沙界尘区，德风西扇，偃草东从，教及神州，声流华夏，年越二千，时惟末运，流传（？）〔□□□□□□□□□□□□□□□〕原榆次县郝都人也。母高氏忽于午梦僧徒行五（伍），人众骈骈（阗），幡花俨若，音乐清幽。〔□□□□□□□□□□□□□□□□〕喜之，见若旧识，觉而有娠，谓父路宽密所梦。诞弥厥月，果子异常，默许出家，年甫〔□□□□□□□□□□□□□□夺〕席谈经，惊诸耆宿。具戒之后，听于沁州天宁润公席次，举为座元。锋论无敌，讲〔□□□□□□□□□□□□□□〕行，遂将正殿西堂、钟楼南阁、僧厨寮舍、客院牛栏，不逾十载，可满百间，开数山田〔□□□□□□□□□□□□□〕为政数年，退辞弗往就值。大德癸卯地震，法堂催（摧）毁，师与门人道诠再架虹梁，新〔□□□□□□□□□□□□□□□□〕新，俨如蓬岛，俗寿七十有九，僧腊三十有二，证取他山之粹珉，志旌本师之实迹。〔□□□□□□〕济选公讲主来于五〔峰山□□□□□，固〕辞之二，坚让之三，曰师之行，唯公知实，事不获已，姑应之云。乃为铭曰：

〔□□〕佛教来西天，偃草之风德〔□□。□□□□□□〕圜，圆觉金刚显性篇。唯师解彻体中玄，瓶泻悬河辩才全。理州僧事数余年，辞退归家结〔□□。□□□□□□〕田，再新金碧率陁天。后时法驾雄雄然，老已衣盂迤胜前。我愢〈恛〉思惟不可诠，聊书梗概永为〔□□〕。（第2—13行）

元代地震碑

4. 僧人名

(1) 第一组

尊派先师净源，门人：
道诠—门人〔德囗〕—〔尚〕座弘海；
讲主道证—门人〔德囗〕—〔门人〕弘深；
道谅—门人德〔囗〕—门人弘阔；
道谦—门人德〔囗〕—〔门人〕弘渭；
道警—门人德〔兴〕—〔门人〕弘湮；
道誓—尚座〔德囗〕—〔门人〕弘浙；
门人德兴—〔门人〕弘涞。（第14—20行上部）

(2) 第二组

嗣法门人三交金仙院讲主德阎、门人敬颜。
五峰山瑞云禅寺监寺洪善，陈村吉祥院阇黎了德、首座了金、院主了偲。
岸北永宁院阇黎祥美。
邵渠村建福院尚座祥贲、讲主了仪、尚座了仝、院主了例。
沁州在城天宁寺广惠仁智大师妙教—门人：福春、福钦、福忍、福金、福演、福恭—师孙海威。
故城大云寺讲主志安。（第14—20行下部）

(3) 第三组

内义村囗囗囗州住持囗囗……善、阇黎德柔。

法眷东良侯村洪济院讲主道〔□〕……清、门人讲主弘琏。
　　信义慈云院……〔师〕孙弘玮。
　　法眷五谷（峪）弥陀院……□锦、讲主弘秀、院主弘泰
　　山曲大明院……〔师〕孙尚座德慷

5. 篆额者和刊立者

　　五峰山瑞云禅寺洪瀛禅师篆。
　　故城石匠陈才、长男陈世良、次男陈世美刊。
　　沁州待诏马仲贤立石，志。

6. 年款

　　时大元至正四年，岁次甲申子丑□……

这篇铭文很重要。

第一，它提到这座寺庙是元大德癸卯（1303年）地震后重建，记录了历史上著名的赵城大地震。

第二，它可以证明，此庙落成于元至正四年后（1344年）。

第三，它提到武乡西部的九座寺庙：三交村金仙院、五峰山瑞云禅寺、陈村吉祥院、岸北村永宁院、邵渠村建福院、故城大云寺、东良侯村洪济院、五峪村弥陀院、山曲村大明院，以及沁州城内的天宁寺，说明这是一组关系密切的寺庙群。

(四) 元代琉璃屋脊

　　福源院的西配殿还保存着元代的琉璃屋脊，非常漂亮，可惜文物贩子

梁侯寺考　163

元代琉璃脊刹（正）

元代琉璃脊刹（背）

琉璃脊刹上的文字

把脊刹左右的两块偷走。

山西古建,很多屋脊的脊刹都有文字,对寺庙断代很重要。考察时,最好有望远镜。这次考察,我发现,福源院西殿的脊刹有明确纪年,是元泰定元年(1324年)。兹录文于下:

讲经赐红沙门源吉祥〔门人〕：

道论（？）—门人德□—门人洪海（？）；

道〔□〕—〔门人〕德山—门人洪湮（？）；

〔道□〕—门人德从—〔门人洪□〕；

〔道□〕—〔门人〕德听（？）—〔门人洪□〕；

〔道〕□—〔门人德〕□—〔门人洪〕波；

□□住持僧道誌—门人德坚（？）、德〔□〕；门人德〔□〕、德汜；〔门人〕德完、德汶。

大元泰定元年三月廿一日。（正面）

屋脊的另一处还有工匠题名，作：

乔侍照、温（？）琉璃则（背面）

四、梁侯寺周围的寺庙

上面已说，北良侯的村名是来自梁侯寺。当地村民说，这个村子，原来只叫良侯。它东面的村子，原来叫良侯东，现在叫东良侯；西面的村子，原来叫良侯西，现在叫西良侯；南面的村子，原来叫良侯南，现在叫大寨。[1] 四个村子，是以北良侯为中心，可称"良侯四村"。

（一）东良洪济院

东良侯，有洪济院，见上元碑，原来是县保单位，现在是国保单位，我在老家时，这里是学校，现已腾出。寺有正殿、南殿和东西厢房。正殿

---

[1] 这四个村子，多简称为北良、东良、南良、西良。南良侯村是明代末年才改名叫大寨。参看：山西省武乡县县志编纂委员会编《武乡县志》，太原：山西人民出版社，1986年，27页。

是金构，南殿是元建。此庙西北角有个千佛塔，是北朝遗物，原有题记，可惜泐蚀难辨。[1] 它证明，这座寺庙，前身也很古老。

（二）大水峪的瑞云禅寺

北良侯村西的大水峪，旧有瑞云禅寺，惜1947年被拆毁，改建油房。《武乡县志》康熙版也提到过这个庙。[2]

（三）南良的寺庙

南良侯，现在叫大寨，据说原来也有庙。

（四）"良侯四村"周围的其他寺庙

故城以北的地势是西高东低、北高南低，水是东南流。故城以北的寺庙主要分布在高寨寺河的两岸。

"良侯四村"的东边和南边还有五个村子值得关注：

（1）陈村（在北良东），有吉祥寺（《武乡新志》），[3] 见上元碑。

（2）石仁底（在陈村南），原作"石人底"（《武乡县志》乾隆版、《武乡新志》）。[4] 我一直怀疑，这个村名与"北良石佛"有关。因为北良在西北，石仁底在东南，从地势看，正好在"北良石佛"的底下。

（3）岸北（在石仁底南），有永宁寺（《武乡新志》），[5] 见上元碑（作"永宁院"），据庙中石刻，始建于金大定十二年（1172年）。[6]

---

[1] 李裕群先生说，此千佛塔是北魏时期的东西。
[2] 马生旺主编《武乡县志》，52页（康熙版）。
[3] 马生旺主编《武乡县志》，1032—1033页（民国版）。又该书52页（康熙版）和379页（乾隆版）有"古祥寺"，只注"在县西"，可能即此寺，但高台寺也有"吉祥寺"（见《中国文物地图集》山西分册，中册，379页），同样可能是此寺。
[4] 马生旺主编《武乡县志》，238页（乾隆版）和688页（民国版）。
[5] 马生旺主编《武乡县志》，1032页（民国版）。
[6] 《中国文物地图集》山西分册，中册，377页。

（4）高台寺（在岸北南），也有吉祥寺。[1] 此村以高台寺为名，原作"高砦寺"或"高寨寺"。"高寨寺"可能是较早的寺名。

（5）信义（在大寨南），有慈云寺（《武乡县志》康熙版、乾隆版），见上元碑（作"慈云院"）。[2]

五、涅河北岸的故城大云寺（岩净寺）

故城镇，前身是战国秦汉时期的涅县，现在还有古城墙的残墙留存地面。

大云寺，在故城镇上，过去是粮库，现在已腾出，近年升级为国保单位。武乡名贤清程林宗《新修大云寺记》说：

> 武乡故城镇，本汉涅氏县，自迁县于南亭川镇（即今故县），遂以故城名。大云寺者，镇之佛寺也，相传为旧县治所，代远年湮，无从征信，惟残碣有"大唐河清四年"等字，余则漫漶矣。寺旧名严（岩）净，易今名者，宋治平元年时也。[3]

程氏所说"残碣"即下北齐造像碑，并非残碣；"大唐河清四年"也是"大齐河清四年"之误（唐代无"河清"年号）。寺名"严（岩）净"易名"大云"，是据下宋治平元年刻石。

---

[1]《中国文物地图集》山西分册，中册，379页。
[2] 马生旺主编《武乡县志》，51页（康熙版）、379页（乾隆版）。
[3] 马生旺主编《武乡县志》，938—939页（民国版）。案：《中国文物地图集》山西分册说"据寺内北宋治平元年（1064年）重修碑记载，该寺曾为东汉涅氏县治所，初名'岩净寺'"（中册，376—377页）。此说有误：（1）宋治平元年刻石不是"重修碑记"；（2）刻石也没提到"该寺曾为东汉涅氏县治所"。此说实出程林宗。

大云寺敕赐庙额牒文石刻拓本

现在的大云寺，正殿叫三佛殿，为宋构金修，是寺中最早的建筑。此殿既名三佛殿，应供三佛于内，现在只有一个莲花座在正殿当中，空空如也。

这里把有关文物介绍一下：

(一) 宋治平元年刻石

此殿南墙旧有石刻，刊录敕赐大云寺庙额的牒文如下：

> 中书门下牒威胜军：
> 　　　威胜军奏准敕勘会到武乡县岩
> 　　　净寺系帐存留乞赐名额牒
> 　牒奉
> 　敕（敕）宜赐"大云寺"，仍令
> 　本军翻（翻）录敕（敕）黄，降付本
> 　寺，依今来

敕（敇）命所定名额，牒到准
敕（敇）故牒。
　　治平元年四月六日
　　户部侍郎参知政事赵
　　户部侍郎参知政事欧阳
　　〔户部侍郎参知政〕事曾
　　〔侍〕郎兼兵部尚书平章事韩

　　　　　　住持沙门　崇敏立石

　　署衔者，"赵"是赵概，"欧阳"是欧阳修，"曾"是曾公亮，"韩"是韩琦，都是当朝大臣。从石刻可知，这座寺庙原来叫岩净寺，宋治平元年（1064年）才改名大云寺。

（二）三佛殿的佛头

　　2005年10月，大云寺落架重修，在此殿梁上发现金大定十五年（1175年）题记，可以证明此殿是宋构金修。当时，在南殿（观音菩萨殿）的东墙根下发现这三件佛头。佛头现藏武乡县文管所，皆北朝遗物。[1]

　　佛头非常大，应是三佛殿故物，身子不知埋藏何处，原来的佛像肯定相当高。这一发现证明，大云寺的前身是北朝寺庙。

（三）北齐河清四年造像碑

　　即上程林宗所谓的"残碣"，其实是完整的碑。此碑也是在南殿的东墙根下发现，铭文作：

---

[1] 李裕群先生看过照片。他说，这三件佛头，两件属北魏时期，一件属北齐时期。

三佛殿的佛头

菩萨主阎法兴,
大都主起像主傅永先,
□佛弟子侯文敬,主阎万□,
□□主阎子嵩,七佛主阎阿绍,
卅六佛都观主阎绍兴,
□□主郭殷头,主赵敬妃,
大像主□□和,
大铭主陈洪道,
主长胜姿,
菩萨主
李和仁、
胡容妃。(碑首)

北齐造像碑　　　　　　　　　北齐造像碑拓本

唯大齐河清四年正月八日，邑子六十人等，自察己身，倏如电光泡沫，犹固观诸生灭，不异轮回，何殊环转，恐徒过一世，乃片功可记，遂躬率遍化，上为皇帝陛下、臣僚百碑，保命休延，寿同河岳，又为师僧父母七世因缘及诸蠢类，敬造祇桓（园）精舍一区，更在西山大卢尖颠，造浮嚞（图）一区。都唯那主阎郎仁、□胡仁、阎子胜。

> 都邑主陈萨保、胡要兴、李敬存。
>
> 邑子阎绍兴、李文和、郎敬祧、陈义宾、
>
> 卜回亩、阎荣捝、阎苌保、儿元仙、
>
> 李阿洪、王世和、姬天柱、陈元宾、
>
> 阎宗遵、阎景亩、阎洪遵、元辟恶、
>
> 傅贵捝、李洪儁、姬天念、李敬遵、
>
> 王元蓦、阎领先、陈苌洛、阎长子、
>
> 陈定宗、郑建业、李洪标、郭先伯、
>
> 阎法贵、李寄捝、郭相贵、阎长窊、
>
> 姬天宜、李和仁、牛子和、李高侣、
>
> 李遵明、阎伯和、陈世遵、李遵业、
>
> 王□仁、郭□□、阎乙合、张上音。（碑身）

铭文提到"大齐河清四年"，这是北齐年号，当565年。"敬造祇桓精舍一区"，是指在此地修盖这座寺庙（"祇桓"即"祇园"，亦作"祇洹"）；"更在西山大卢尖颠，造浮图(图)一区"，是指在武乡西境的山区一个叫"大卢尖颠"的地方另外修座塔。"大卢山颠"在什么地方，还值得调查。

故城镇东还有两座庙，可附记于此：

(1) 邵渠（在故城东），有建福寺（《武乡县志》康熙版），[1] 见上元碑（作"建福院"）。

(2) 山交沟（在邵渠东），有金仙寺（《武乡县志》康熙版、乾隆版，《武乡新志》），[2] 见上元碑（作"金仙院"）。

---

[1] 马生旺主编《武乡县志》，52 页（康熙版）。该书 1032 页（民国版）误作"健佛寺"。
[2] 马生旺主编《武乡县志》，51 页（康熙版）、379 页（乾隆版）和 1032 页（民国版）。

六、涅河南岸的寺庙

涅河南岸，现在属于沁县。沁县的石窟和寺庙很多，这里不能详述，只谈一下现在存留的三座寺庙。

（一）南涅水洪教院

南涅水村，位于烂柯山西，故城镇东南，与武乡的北涅水村只有一水之隔。隋初的甲水县即设治于此，离故城镇非常近。

洪教院，在南涅水村的西边，正好在大云寺的南边，现在是省保单位。此庙有前殿、过殿、正殿。正殿是金构，其余是明清建筑，院额"敕赐洪教之院"，是金大定六年（1166年）起的名字。[1]

此庙正殿墙上有《南涅水洪教院记》，是元至元八年（1271年）刻石。其中提到"昔洪教，乃沁州天宁、万寿之法属"，应与沁州城内的天宁寺有关。[2]北良福源院的元代地震碑也提到过天宁寺。

---

〔1〕《中国文物地图集》山西分册，中册，389—390页。
〔2〕《中国文物地图集》山西分册，中册，390页；梁晓光主编《沁州碑铭集》，沁县书法协会印，2003年，119—120页。

南涅水石刻

南涅水石刻

阳公岭村造像塔

1959年出土的南涅水石刻，就是发现于洪教院后的荒丘山（一个小土丘）。这批石刻，是以造像塔为主，有760多件，时间跨度很大，包括北魏、东魏、北齐、隋、唐、宋各个时期。年代最早是北魏永平三年（510年），最晚是北宋天圣九年（1031年）。它们的出土可以证明，洪教寺的前身也是北朝寺庙。[1]

南涅水石刻，1962年被搬到沁县南边的二郎山，建石刻馆。这批石刻，数量大，雕刻精，完全够得上国保水平，可惜搬离原址，失去申报国保的资格。

（二）开村普照寺

在沁县县城西，院内只有一个大殿，现在是国保单位。此庙始建于北魏太和十二年（488年），今庙是金大定年间重修。[2]

（三）郭村大云院

在开村西，正殿为金构，始建年代不详，现在也是国保单位。[3]

院内有《大云禅院之记》碑，碑额刻金崇庆元年（1212年）礼部牒文。[4]据碑文记载，此庙是金大定二十年（1180年）敕赐庙额为"大云禅院"。

---

〔1〕《中国文物地图集》山西分册，中册，396页。李裕群先生说，这批石刻，以北魏、东魏、北齐造像为主，多方形造像石塔，北齐则出现单体佛、菩萨大型立像。
〔2〕《中国文物地图集》山西分册，中册，389页。
〔3〕《中国文物地图集》山西分册，中册，389页。
〔4〕《中国文物地图集》山西分册，中册，389页；梁晓光主编《沁州碑铭集》，117—119页。案：此碑上半经改制，碑阴加刻新的铭文，成为烈士碑。

沁县寺庙多有这种碑刻，如：

(1)《灵岩院敕黄记碑》，有大定五年（1165年）礼部牒文。[1]

(2)《洪济寺碑》，有大定二十年（1180年）礼部牒文。[2]

(3)《修建昭庆院碑》，有大定二十九年（1189年）礼部牒文。[3]

七、总结

（一）中国古建山西多，山西古建晋东南多。晋东南的古建，唐代的罕见（仅有平顺天台庵），真正属于宋代的也少，但宋构金修、金构元修的例子比较多，很多都是金大定年间的遗存（金元明清，武乡属沁州管辖）。元大德七年（1303年），赵城大地震，对古建造成大破坏，很多古建是1303年后重建。宋元建筑，就像宋元善本，非常宝贵。涅河两岸的寺庙是很好的标本。

（二）涅河两岸的寺庙群，彼此有密切关系。如良侯店石窟所在的良侯店与福源院、洪济院所在的"良侯四村"同以良侯为地名。它们都是得名于北朝时期的梁侯寺。梁侯寺，宋代叫什么，还不太清楚，但敕赐庙额与大云寺同时。梁侯寺和梁侯寺周围的寺庙，大云寺和洪教院，以及其他一些寺庙，构成一个寺庙群。

（三）涅河两岸，与寺庙共存，往往有北朝石窟和北朝石刻，如石窑会石窟、良侯店石窟、福源院的石菩萨、洪济院的千佛塔、大云寺的佛头和北齐造像碑，洪教院的南涅水石刻，很多都是北朝遗物。它们的存在可以说明，上述古建虽为宋金以来的遗存，但前面还有北朝时期的寺庙。

---

[1]《中国文物地图集》山西分册，中册，387页。
[2]《中国文物地图集》山西分册，中册，390页；梁晓光主编《沁州碑铭集》，113—115页。
[3]《中国文物地图集》山西分册，中册，397—398页；梁晓光主编《沁州碑铭集》，112页。

（四）涅河两岸的寺庙群，集中在大同到洛阳的古道两旁。这条大道，在长治地区旁出，有若干支路，汇总于黎城、涉县，从滏口陉（太行八陉之一）穿越太行山，进入河北南部。再经武安、峰峰矿区和磁县，通往邯郸、临漳和安阳。大同的佛教艺术，无论南传，走太原—洛阳的古道，还是东传，走黎城—邺城的古道，都是以这一带为枢纽。

我相信，这个例子对研究晋东南地区的古建、石窟和石刻有一定参考价值。这里，只是竭我所能，对有关材料和有关线索作初步介绍，期望引起学界的关注。

我不是专门研究古建和石刻的学者，疏漏讹误在所难免。说错的地方，请批评指正。

附记：本文写成后，曾求正于若干学者。碑文释文，请赵超先生斧正；石窟、石刻，得李裕群先生指点；古建，也听取过杭侃和钟晓青先生的意见。10月28—29日，重访涅河两岸，武乡县文管所的老所长王照骞先生同行。30日，王先生给我看了他收藏的老照片和碑拓，其中有张照片是1982年阳公岭村发现的造像塔，与南涅水出土的造像塔风格相近。31日，承山西省博物院李勇副院长慨允，我在他们的库房和展厅看过原物。他们的帮助，我铭感于心，附缀数言，以志谢忱。

2009 年 4 月 15 日写于北京蓝旗营寓所

（原载《中国历史文物》2010 年 3 期）

滹沱河上（任超 摄）

滹沱考

"滹沱",古书称引,或作"虖池"(《周礼·夏官·职方》),或作"呼池"(《战国策·秦一》),或作"恶池"(《礼记·礼器》),或作"呼沱"(《战国策·燕一》),或作"鲁沱"(《元和郡县志》卷十七),其实一也。

古以"滹沱"为名者,最著名的是滹沱河。上述名称是滹沱河的五种异名。它们音近通假,写法不同,指的是同一条河流。

滹沱河,源出山西北部繁峙县东北的泰戏山。由繁峙县折而西南流,经代县、原平、定襄,复折而东南流,从五台、盂县之间,穿越太行山,入河北。在河北境内,东南流,再东北流,经平山、灵寿、正定、藁城、晋州、深泽、安平、饶阳,至献县,合于子牙河,东北流,最后从天津入海。这条河经常泛滥,清人说"畿辅为患之水,莫如卢沟、滹沱二河"(《陶庐杂录》卷五)。

《礼记·礼器》:"晋人将有事于河,必先有事于恶池。""恶池"即"滹沱"。祭河必先祭滹沱,可见很重要。滹沱河分两段。山西境内的一段属并州之地,是匈奴、鲜卑、蒙古等北方民族南下,与中原诸夏长期争夺的地区。河北境内的一段横于井陉口上方,是分割南北的要津,据河而守,可阻断南北往来。鲜虞、中山就是盘踞于这一流域。特别是中山国,经考古发掘和调查,有很多发现。它的都城(灵寿古城)和王陵,就坐落在河北平山县滹沱河的北岸。遗址背山带河，确为形胜之地。历史上，凡北方民族南下，或从山西向华北平原东进，都要与中原诸夏争夺这条河流。历年发掘，河北境内的考古文化，石家庄以北是一种面貌，石家庄以南是又一种面貌。其实，山西境内、陕西境内和甘肃境内也有类似的分界。

有意思的是，古以滹沱为名者，还不止于此。

首先，今甘肃境内也有以滹沱为名的地名。《汉书·平帝纪》说"（元始二年夏），罢安定呼池苑，以为安民县，起官寺市里，募徙贫民，县次给食"，这里的"安定呼池苑"有两种可能，一种指安定郡（治所在高平，即今宁夏固原市）有呼池苑，一种指安定县（今甘肃省泾川县北，位于泾水北岸）有呼池苑。"呼池苑"即"滹沱苑"。"安民县"，大概是西汉末和东汉初临时设置，后省并，所以《汉书·地理志》《续汉书·郡国志》均无记载。史籍提到安民县，除《汉书·平帝纪》，还有两条，一条是袁宏《后汉纪》卷五，提到汉光武帝建武六年"中郎将来歙坚领众军在安民"；一条是《水经注·渭水上》提到"中郎将来歙与祭遵所部护军王忠、右辅将军朱宠，将二千人，皆持卤刀斧，自安民县之杨城（元始二年，平帝罢安定滹沱苑，以为安民县），[1]从番须、回中，伐树木，开山道，至略阳。夜袭击嚣据守将金梁等，皆杀之，因保其城"。这两条材料都没讲安民县的具体位置。裘锡圭先生认为"安定呼池苑"的"安定"指安定县，罢苑新置的安民县就在安定县附近。[2]我理解，他是想把呼池苑与要册湫的距离拉近（详下）。这只是推测，还有待进一步考察和验证。我怀疑，"安定呼池苑"是指安定郡的呼池苑，其位置在安定郡的范围之内，毫无问题，但具体位置还有待考定。安定郡，西汉治所在高平县，东汉治所在临泾县（今甘肃镇原县东南），[3]二县皆西汉所置（见《汉书·地

---

[1] 用括号括起的话属于"注中注"。
[2] 裘锡圭《诅楚文"亚驼"考》，《文物》1998年4期，15—18页转27页。
[3] 据《续汉书·郡国志》，东汉安定郡是以临泾县为治所，而无安定县，或安定县已并入临泾县。

理志》),不可能是安民县。安民县,我们从《平帝纪》的原文看,原来是呼池苑,作为皇家园林,很可能是单独一块,并不属于这两个县。元始二年夏,因为郡国大旱,平帝才罢呼池苑,利用苑内空地,安置贫民。其官寺市里皆新设,绝不是改名,所以不大可能在这两个县的范围里。如果说它是由这两个县中的一个分割,析地而建,未免叠床架屋。复考来歙、祭遵袭略阳,战事在天水郡。《后汉纪》卷五说来歙军屯安民,祭遵军屯汧(今陕西陇县南),《水经注·渭水上》说二将合袭略阳(今甘肃秦安县东北),是"从番须、回中,伐树木,开山道"。似安民与汧相距不远。问题还值得进一步探讨。

其次,宋代出土的《诅楚文》石刻(旧称《秦誓文》),也与滹沱有关。它有三件,《巫咸文》出于岐阳(今陕西岐山、凤翔一带),是祭上古神巫巫咸;《大沈厥湫文》出于朝那(今宁夏固原东南),是祭乌水(今清水河)源头的湫渊(汉武诸祠有湫渊祠);《亚驼文》出于要册湫(今甘肃正宁县东),是祭"亚驼",唐代仍有祭祀。宋代学者指出,铭文"亚驼"就是滹沱河(《西溪丛语》卷上、《广川书跋》卷四),很对,但考其地在今山西灵丘则误,陈昭容先生和裘锡圭先生有详细讨论,可参看。[1]《亚驼文》的出土地点是要册湫,位置在甘肃省的最东端,附近河流是泥水(今马莲河)。铭文"亚驼",有三种可能,一种可能是自北注入泾河的泥水,一种可能是泾河本身(如果是这样,则"亚驼"为泾水的别名),一种可能是乌水("乌"与"亚"音近可通,则与湫渊有关)。从道理上讲,第一种可能较大,但也不能作为定论。上述三个地点,朝那在安定郡,要册湫在北地郡,岐阳在右扶风,但实际位置,彼此邻近。从地图上看,朝那、要册湫、岐

---

[1] 陈昭容《从秦系文字演变的观点论〈诅楚文〉的真伪及其相关问题》,《"中央研究院"历史语言研究所集刊》第 62 本第 4 分、574—576、602 页,台北,1993 年 4 月;上引裘锡圭文。案:陈说,可看看其新作《秦系文字研究》,台北:"中央研究院"历史语言研究所,2003 年,第四章(213—246 页)。

阳是个倒三角形,朝那是左上角,要册湫是右上角,岐阳是下角。三个地点,相距不远。要册湫和呼池苑是什么关系,这个问题还是谜。

另外,我们还想提到的是,在今陕西境内,秦汉时期的上郡,其治所肤施(今陕西榆林东南),从古文字角度看,也可读为"滹沱"。"肤(膚)施"的"膚",和"虖""滹"等字都是从虍得声,"沱"同"池",也与"施"可通假。这个地名虽非水名,却是白狄故地,与春秋鲜虞和战国中山似有历史渊源。司马迁讲北方戎狄,曾说"晋文公攘戎翟,居于河西圁、洛之间,号曰赤翟、白翟"(《史记·匈奴列传》),赤狄、白狄如何分布,已难详考。《史记正义》引《括地志》说"潞州本赤狄地。延、银、绥三州白翟地"(《匈奴列传》),唐代潞州是今山西长治一带,银州是今陕西榆林一带,绥州是今陕西绥德一带,延州是今陕西延安一带。它所说"延、银、绥三州白翟地",相当秦汉的上郡之地。司马迁记项羽入关,"分天下,立诸将为侯王",封"董翳为翟王,王上郡,都高奴"(《史记·项羽本纪》),也是以"翟"称上郡之地。我们都知道,鲜虞、中山是白狄在中原腹地建立的强大国家,从公元前6世纪到公元前3世纪,一直盘踞在滹沱河畔。很多学者认为,他们来自今山、陕二省。值得注意的是,司马迁讲中山之亡,说"(赵惠文王)三年,灭中山,迁其王于肤施。北地方从,代道大通"(《史记·赵世家》),赵灭中山,中山的最后一代国君(姓名不详),竟被迁走,送到肤施。[1]那里是空旷荒凉之地。汉征西域,曾把龟兹降人安置在今榆林以北,也在这一带。上文提到,肤施是白狄的故乡。赵把中山的亡国之君迁到这里,恐怕不是偶然。[2]肤施、滹沱二名,其间之关系耐人寻味。

读先秦史籍和《史记·匈奴列传》,我们都能感受到,大漠草原与黄

---

[1] 这段话,唐宋地志反复引用,很多人以为,这位中山君是被迁到延安。其实,肤施移治延安是隋大业三年以后的事,战国秦汉的肤施是在榆林的东南。
[2] 战国中期,赵国曾占有山西北部和陕西北部,包括肤施。

土高原、华北平原为邻,夷、夏交争,南北推移,甘肃、宁夏、陕西、山西、河北五省区是主要舞台,特别是这一地区的北部。河西的甘、宁是一块,黄河三围的陕西是一块,河东的山西是一块,太行以东的河北是一块。很多人都以为,夷、夏之界是汉长城,其实不然。早期中国,三代王都主要分布在北纬34—35度之间,今天水、宝鸡、咸阳、西安、洛阳、郑州基本是在这两条线之间。它的北部有大量戎狄,情况与五胡十六国相似。诸夏攘夷,主要是把他们的势力推到北纬38度以北,今石家庄、太原、榆林、青铜峡和武威,基本是在这条线上。过了这条线,从考古遗物看,北方色彩很浓。再往北,到北纬41度左右,中原地区的影响更弱,几乎消灭。再以北,则完全是胡地。秦昭襄王、秦始皇两拒戎胡,再修长城,基本上是把戎狄从北纬34度推到38度,再推到41度,41度是最后的分界线。秦汉之际,中国内乱,情况倒过来,匈奴又尽收河南故地,把汉胡分界线推回到北纬38度,以朝那、肤施为界,并东侵燕、代(《匈奴列传》)。[1]汉武帝第三次拒胡,再把这条线推回去,也还是不能改变这一带是汉胡杂居的局面。汉代的边郡,甘肃境内的敦煌、酒泉、张掖、武威四郡,陕西境内的北地、上郡、朔方、云中四郡,山西境内的雁门、代二郡,河北、辽宁境内的上谷、渔阳、右北平、辽东、辽西五郡,原来都是各种戎狄,以及匈奴、东胡的故地。河北中部的常山、中山、真定,也

---

[1]《史记·匈奴列传》:"冠带战国七,而三国边于匈奴。"秦昭襄王灭义渠,置陇西、北地、上郡,筑秦长城,是其一;赵武灵王北破林胡、楼烦,置云中、雁门、代郡,筑赵长城,是其二;燕将秦开破东胡,置上谷、渔阳、右北平、辽西、辽东,筑燕长城,是其三。秦灭六国后,蒙恬悉收河南地,因河为塞,筑44县临河,移罪犯戍边,修直道,通九原至云阳,修长城,起临洮至辽东,把三国的边境连为一线。但汉初北边失守,"诸秦所徙適(谪)戍边者皆复去,于是匈奴得宽,复稍度(渡)河南与中国界于故塞","悉复收秦所使蒙恬所夺匈奴地者,与汉关故河南塞,至朝那、肤施,遂侵燕、代"。案:上文所说三条线,只是大致划分,实际的汉胡分界线大体是一条西低东高的斜线,而且是曲线。朝那的位置在36度线上,肤施的位置在38度线上。秦昭襄王长城就是一条这样的斜线,适与38度线匹配。而秦始皇长城和汉武帝长城则与41度线匹配。

是白狄国家鲜虞、中山的故地。甘肃、陕西、山西、河北都有滹沱,恐怕就是以此为背景。我很怀疑,它是北方民族留下的地名,惜含义不得而详。[1]

最后,顺便说一下,今《毛诗》的《小雅·白华》有"滮池北流"句,郑玄笺说是"丰镐之间水北流",齐、鲁、韩三家诗作"淲沱北流",《说文解字》卷十一上水部:"淲,水流儿。从水彪省声,诗曰:'淲沱北流。'"同三家本(所谓"从水彪省声",似乎是调停《毛诗》与三家诗)。《水经注·渭水下》说"鄗水又北流,西北注,与彪池水合。水出鄗池西,而北流于鄗",也说丰镐之间有此水。"滮池""淲沱"不详孰是("滮"是幽部字,"淲"是鱼部字)。如果后者是本来名称,则这也是一条以"滹沱"为名的河流。

2004 年 11 月 17 日写于北京蓝旗营寓所

(原载陕西师范大学、宝鸡青铜器博物馆编《黄盛璋先生八秩华诞纪念文集》,
北京:中国教育文化出版社,2005 年,345—348 页)

补记:上文的三个地名,"滹沱""肤施"和"亚驼","滹"是晓母鱼部字,"肤"是帮母鱼部字(原作"膚",从虍得声),"亚"是影母鱼部字,可通假。"沱"是定母歌部字,"施"是书母歌部字,"驼"是定母歌部字,可通假。我怀疑,它们是以"骆驼"为名的河流名。早期,骆驼对汉人是外来动物。东汉牟融引古谚:"少所见,多所怪,见橐驼曰马肿背。"(《古诗源》卷一)。"橐驼"(亦作"橐佗""橐駞""騾驼""駞驼"),

---

[1]《七修类稿》卷三十四有"释疑字样"条,专门讨论一字二音的"程语"(即专有名词),其中把"滹沱"与"冒顿""阏氏""龟兹""月支""身毒"一类词列在一起。我们怀疑,它也许是戎狄、匈奴部族的词语。

旧读"骆驼"（亦作"骆馳"），和"骆驼"是同一个词，估计是外来语，而不一定是因为它"背肉似橐"（《史记·匈奴列传》"其奇畜则橐驰"索隐引韦昭说），或能"负橐囊而驮物"（《汉书·匈奴传上》"其奇畜则橐佗"颜师古注）。"骆"是来母铎部字，与上"溥""肤""亚"等字读音相近，后面的"驼"字也同于"亚驼"。承林梅村先生告，骆驼在印欧语系的西域方言中是读Uti，发音正与"亚驼"相近。

中山王墓出土山字形器

再说滹沱
——赵惠文王迁中山王于肤施考

一、赵迁中山的肤施不是上郡肤施

四年前,我写过篇短文,叫《滹沱考》,话题是从一条北方的河说起。[1] 我发现,中国的北方,黄河流域,与蒙古草原邻近,有一类地名值得注意。它们隐隐约约,总是与泉水、河流或湖泊有关,这就是"滹沱"。古书中的"虖池"、"呼池"、"恶池"、"呼沱"、"鲁池",都是它的别名。

古书中,与"滹沱"有关的地名主要有:

(1) 今山西、河北境内的滹沱河。此水源出山西北部的繁峙,从恒山和五台山之间的忻定盆地西南行,经代县、原平,然后往东折,婉转前行,经定襄、五台、盂县,穿越太行山,到达河北平山,再从平山,继续东行,合于子牙河,从天津入海,大家最熟悉。

(2) 今陕西北部的肤施,即所谓上郡肤施。这个肤施是战国秦汉的肤施城,不是隋唐以来的肤施城。前者在今榆林东南无定河的北岸,后者在今延安市。这里是说前者。肤可读滹,施可读沱。我怀疑,肤施也是滹

---

[1] 李零《滹沱考》,收入陕西师范大学、宝鸡青铜器博物馆编《黄盛璋先生八秩华诞纪念文集》,北京:中国教育文化出版社,2005年,345—348页。

沱的别名，古称奢延水（也叫朔方水）的无定河，古代可能也叫滹沱。

（3）今甘肃境内的滹沱。宋代出土的《诅楚文》，包括《巫咸文》、《大沈厥湫文》和《亚驼文》。《巫咸文》是祭古代著名的神巫巫咸，出土于岐阳（今陕西扶风、凤翔一带）；《大沈厥湫文》是祭乌水（今清水河）的源头湫渊，出土于朝那（今宁夏固原市的东南）；《亚驼文》是祭亚驼，出土于要册湫（今甘肃省正宁县东），附近有泥水（今马莲河）。学者考证，亚驼就是滹沱的别名，估计是当地的水名。

（4）今宁夏境内的滹沱苑。此苑也叫"安定呼池苑"，是西汉安定郡的皇家园林。安定郡的治所在高平，即今宁夏固原市。

这些地点，从河北中部到晋北到陕北到甘肃到宁夏，大体平行，主要在北纬36—38度的范围里。

北纬38度线很重要，是汉胡拉锯的大致分界线。此线以北，胡占优；此线以南，汉占优。我怀疑，"滹沱"是北方民族南下在农牧过渡带留下的一串地名。

这篇短文提到赵惠文王灭中山，迁其王于肤施。这个问题和滹沱有关。史学界的一般看法是，这个肤施是陕西北部的肤施，即上郡肤施。拙文也采用了这一说法。

最近，重新思考这一问题，我发现，这一说法很有问题，中山王迁居的肤施，从道理上讲，不可能在陕西，而应当在山西，它绝不可能是上郡肤施。

下面是我们的讨论。

二、中山国的灵寿古城位于滹沱河上

战国时期的国家，中山最特殊。它是独立于中原诸夏有如孤岛的少数

虑虒古城

民族国家。这个国家从哪儿来？它和春秋鲜虞是什么关系，还不太清楚。中山多难，几次亡国，有关记载，时断时续，前后怎么衔接，也存在问题。

上世纪70年代，河北平山县的灵寿古城，发现很轰动，很多历史之谜由此揭开。[1]

中山是姬姓的白狄国家，既非世居中原的诸夏，也不同于游荡草原的北方民族，无论地理位置，还是文化面貌，都介于二者之间，具有亦彼亦此的特点。我到石家庄看文物，有好几次，印象最深是这一点。它的出土物，既有三晋的特点（如铜礼器的风格），也有北方草原地区的特点（如出土的小金虎）。

---

[1] 李学勤、李零《平山三器与中山国史的若干问题》，《考古学报》1979年2期，147—170页；李零《平山三器与中山国史的若干问题》（草稿），收入氏著《李零自选集》，桂林：广西师范大学出版社，1998年，195—212页。

它的地理位置很重要，一是横在汉胡分界线上，正好挡住了赵从邯郸北上的通道；二是卡在井陉口上，也不利于赵国的东西交通（连接晋阳的路线，即今石太线所经）；三是塞住了赵国顺滹沱河直扑晋北的路线。

赵人说，"中山在我腹心"。赵国北上，一定要灭中山。

这个国家的国君，从出土发现看，战国以来，前后有七代：中山文公、中山武公、中山桓公（后被追称为王）、中山成公（正式称王）、中山王𰯼、中山嗣君𫊟䝈、中山王尚。

中山文公和中山武公，都于顾，是头两代，没材料，不必讨论。后面五代，是从桓公复国开始。

桓公以来的中山国都于灵寿。[1] 五个中山君，前三个葬于灵寿，后两个死在外面。桓公墓（M7）和桓公夫人墓（M8）在城北，未发掘。成公墓（M6）在城南，它西边有三座墓：M3、M4、M5，报告叫"王族墓"，四座墓都已发掘。王𰯼墓（M1）和哀后墓（M2）在城的西墙外，也已发掘。

王𰯼墓出过一件《兆域图》（铸于铜版上），是营建该墓的设计图。图上五座墓，中间是王墓，左右各有王后墓一座、夫人墓一座。但实际只修了两座墓，一座是王𰯼墓，一座是它东边的哀后墓（哀后称谥，说明王还没死她就死了），其他配偶都没葬在这里。[2]

中山国的最后两代是被赵国攻灭，中山嗣君𫊟䝈逃亡齐国，死在齐；中山王尚被赵国俘虏，迁于肤施。

我到灵寿古城访问过两次。此城背山面河：城北和城西是山，属于太行山脉，滹沱河很宽，正好穿过它的南面。王𰯼墓的葬船坑出土过四条大

---

[1] 赵灭中山后，灵寿成为赵邑。1986年，山西高平出土过一件"宁寿令"戟，就是赵灭中山后的遗物。铭文"十六年"是赵惠文王十六年（公元前283年），"宁寿"即灵寿。参看：郭一峰、张广善《高平县出土"宁寿令戟"考》，《文物季刊》1992年4期，69—71页。

[2] 河北省文物研究所编《𰯼墓——战国中山国国王之墓》，北京：文物出版社，1995年；河北省文物研究所编《战国中山国灵寿城——1975—1993年考古发掘报告》，北京：文物出版社，2005年。

滹沱河（陈新宇 摄）

船。这些船，估计就是用于渡河或在这条河上航行。[1]

研究中山国，离不开滹沱河。

三、中山王迁居的肤施是滹沱河上游的虑虒

赵惠文王灭中山，见《史记·赵世家》，原文是"（赵惠文王）三年，灭中山，迁其王于肤施，起灵寿，北地方从，代道大通"，[2]意思是，赵灭中山后，灵寿以北的"北地"才被赵国全部占领，通往代地（即今河北蔚县一带）的南北大道才被彻底打通。赵惠文王三年是公元前296年。

这段话，唐宋地志反复引用，很有名。《史记集解》引徐广说，谓肤施"在上郡"，是误解的开始。从此，大家都以为，司马迁说的肤施就是上郡肤施。《史记正义》说，这个肤施是"今延州肤施县也"，更是拿唐宋的肤施当早期的肤施。其实，肤施移治延安是隋大业三年（607年）以后的事，早先的肤施是在榆林的东南。肤施，本来是魏国的河西之地。《史记·秦本纪》："（秦惠文王前元）十年，张仪相秦，魏纳上郡十五县。"[3]这是秦置上郡的开始。是年为公元前328年。

公元前328年，榆林的肤施从魏地变成秦地，它是上郡的郡治所在，一直被秦占领。公元前296年，这个肤施还在秦的手里，未曾易主。这一点，无论如何，没法推翻。证据不仅是文献，还有出土物。出土秦戈多记置用之所。现在，我们已经有十几件上郡戈。这些戈可以排年，学者考

---

[1]《響墓——战国中山国国王之墓》，上册，第95—100页，327—332页。
[2]《史记》，北京：中华书局，1959年，第六册，1813页。
[3]《史记》，北京：中华书局，1959年，第一册，206页。

证，大体上是秦惠文王后元到秦昭襄王晚年的器物。[1] 它们可以证明，赵惠文王灭中山时，上郡肤施确是秦地。这也就是说，赵迁中山王，根本不可能迁到这里。

司马迁说的肤施，如果不是这个肤施，又是哪个肤施？我说是赵国的肤施。

赵国也有肤施，过去不明白，现在很清楚。

赵国的肤施，其实就是滹沱河上游的虑虒。

《汉书·地理志上》太原郡有虑虒县，颜师古注："音卢夷。"后世讹为"驴夷"。这个地名，自汉以后，使用时间很长，隋大业初才改名为五台（因山得名），故城在今山西五台县台城镇东北约1000米。[2]

清乾隆三十七年（1772年）曲阜孔继涵得汉虑虒尺，就是带这一地名的出土物。[3]

四、语言学的考虑

一般以为，虑虒是汉代才有的地名，其实不然。战国时期，这个地名就存在。战国赵币有肤虎布，学者指出，铭文"肤虎"就是《汉书·地理

---

[1] 陈平《试论战国型秦兵的年代及相关问题》、《内蒙伊盟新出十五年上郡守寿戈铭考》、《辽阳新出四十年上郡守起戈铭补释》，收入氏著《燕秦文化研究》，北京：北京燕山出版社，2003年，222—243、248—251、252—254页。

[2] 国家文物局主编、山西省文物局编制《中国文物地图集》山西分册，北京：中国地图出版社，2006年，中，577页。

[3] 参看：清王先谦《汉书补注》，北京：书目文献出版社，1995年，上册，664页。汉虑虒尺，铭文作"虑虒铜尺，建初六年八月十五日造"，见容庚《秦汉金文录》，北平，1931年，卷三，五页正。

志上》的虑虒。[1]

肤虎即肤施,肤施即虑虒,从文字学和音韵学的角度看,完全可以成立。

我们先说肤和虑。上古音,肤是帮母鱼部字,虑是来母鱼部字,可以通假。古文字材料也可证明这一点:

(1) 肤(膚)、虑(慮)二字含有共同的声旁:盧,这个字是卢(盧)的本字,本来就有来母的读法。

(2) 现在以卢为声旁的字,古文字往往都是以肤为声符。[2]

其次,再说虎、俿、虒和施:

(1) 虎,肤虎的虎可能是虒字的省文。[3]

(2) 俿,《墨子·经说上》用为虎字,汉虑俿尺用为虒字。

(3) 虒,战国就有,[4] 汉代常与虎混用。[5]

这三个字,都可读为虒。

虒是心母支部字,施是书母歌部字,它们的关系是通假关系。前人指出,"歌部和支部在《诗》韵里是分划很清楚的两部","但是在晚周的时候已经有跟支部相通的例子","到西汉时期歌支两部相叶更为普遍。几乎支部的字都跟歌部字押韵"。[6]《韩非子·十过》"晋平公觞之于施夷之台",《太平御览》卷五七九引"施夷"作"虒祁",正是施、虒相通的例子。

赵国的肤施,在今山西五台县东北,位于滹沱河上游,灵寿古城的西

---

[1] 裘锡圭《战国货币考》(十二篇),第五篇"虑虒布考",收入氏著《古文字论集》,北京:中华书局,1992年,429—453页。
[2] 参看:容庚《金文编》,北京:中华书局,1985年,280页:0699(胪,即膚字),296:0713(莒,从竹从膚);340页:0788(卢,从皿从膚),740页:1837(泸,从水从膚),768页:1908(间,从门从膚);913页:2237(鑪,或借卢为鑪,或从金从膚)。又何琳仪《战国古文字典》(北京:中华书局,1998年,上册,449—453页)也收了这一类字。案:膚不从胃,慮不从思。上引裘锡圭文已指出,许慎说慮字从思不可信。
[3] 裘锡圭《战国货币考》(十二篇),第五篇"虑虒布考"的注释。
[4] 何琳仪《战国古文字典》,上册,770页。
[5] 裘锡圭《战国货币考》(十二篇),第五篇"虑虒布考"的注释。
[6] 罗常培、周祖谟《汉魏晋南北朝韵部演变研究》,北京:科学出版社,1958年,24—28页。

北。两地之间，其实并不远，直线距离，大约只有100公里。赵灭中山，把中山王迁到这里，最合适。

我的看法，这个地方才是司马迁所谓"迁其君于肤施"的"肤施"。它和陕西的肤施一样，也与滹沱有关。

滹沱这个词，我怀疑是外来语。

我很奇怪，它的发音，竟然和"骆驼"相似。

骆驼也叫橐驼（或作橐它、橐他、橐佗）。有学者认为，橐驼是匈奴语，古音类似dada或tata，后来叫骆驼、駞驼，是变声母d、t为l。[1]

肤虎（虒）、肤施的肤，古代读如卢或虑，也是以l为声母。

滹沱与骆驼会不会有关？这是我想提出的问题。

骆驼，战国已有人骑驼灯，山西、湖北都出过。对汉地的居民来说，这是一种外来的动物，很有异域风情。古人说，他们不认识这种奇怪的动物，只能用"马肿背"打比方，"少所见，多所怪，见橐驼言马肿背"。[2] 亚洲的骆驼是双峰骆驼，分布于中亚和蒙古草原，在蒙古草原是很普通的动物。

如此说不误，滹沱河就是骆驼河。

2008年7月29日写于北京蓝旗营寓所

（原载《中华文史论丛》2008年4期）

---

[1] 史有为《外来词——异文化的使者》，上海：上海辞书出版社，2004年，110—111页。
[2] 沈德潜《古诗源》，北京：中华书局，1963年，30页。

靖边杨桥畔出土东汉陶罐,纹饰类似太极图

陕北笔记（上）
——读《汉书·地理志》上郡

2013年8月12—18日，自西安北上，走马观花，游13县市：铜川、黄陵、延安、延长、延川、清涧、绥德、米脂、子洲、横山、靖边、榆林、神木，沿途看山川形势，看考古遗址，看博物馆，看私人收藏，归读《水经注》、《汉书·地理志》、考古资料、古文字资料和有关研究，[1] 写成这份笔记。

这次考察，以上郡、西河两郡的汉县为主，涉及陕西、山西和内蒙古。凡汉因秦县，皆注"秦县"。今地，凡在陕西境内者，多用省称，只标县市名，不标省名。

一、上郡的大河

上郡地名，聚讼纷纭，有如乱麻，主要原因是水系理不清，水系理不

---

[1] 参看杨守敬、熊会贞著，段熙仲、陈桥驿校：《水经注疏》，南京：江苏古籍出版社，1989年；周振鹤《汉书地理志汇释》（下简称《汇释》），合肥：安徽教育出版社，2006年；吴镇烽《秦晋两省东汉画像石题记集释》，《考古与文物》2006年1期，53—69页；王有为《由汉圜水、圜阴及圜阳看陕北榆林地区两汉城址分布》，西北大学硕士学位论文，2007年5月；白苗骏《陕北榆林地区汉代城址研究》，西北大学硕士学位论文，2010年6月。

清,则城址难以卡定。所以,我们先从水系说起。

《史记·匈奴列传》说"赤翟、白翟"居"河西圁、洛之间"。赤翟、白翟即赤狄、白狄。白狄姬姓,和周人有关。赤狄隗姓,和商周鬼方、怀姓九宗有关。[1] 上郡是狄族活动的重要舞台,楚汉之际,一度叫翟国。其大河首推圁、洛。圁、洛即无定河和洛河。无定河在上郡北,洛河在上郡南,是上郡最重要的两条河。

(一)上郡北部的大河

1. 秃尾河

秃尾河是古代什么水,过去不清楚。郦道元讲黄河山陕段,头一条大河是浦水。浦水以下,奢延水以上,大河有三条,一条是端水,一条是诸次水,一条是汤水。浦水是纳林川和黄甫川,[2] 奢延水是无定河,没问题。问题是,中间三条河是什么河。我认为,从郦道元的叙述顺序看,端水是窟野河,诸次水是秃尾河,汤水是佳芦河。窟野河和佳芦河,主要跟西河郡有关,放在下篇谈。这里只谈秃尾河。为什么我说秃尾河是诸次水,这个问题要讨论一下。郦道元讲诸次水,我们要注意,此水是与龟兹、榆林塞并叙。龟兹是上郡最北的县,榆林塞在龟兹北,诸次水是上郡最北的河,这点很清楚。《水经注》卷三《河水三》:"河水又南,诸次之水入焉。水出上郡诸次山。……其水东迳榆林塞,世又谓之榆林山,即《汉书》所谓榆溪旧塞者也。自溪西去,悉榆柳之薮矣,缘历沙陵,届龟兹县西北,故谓广长榆也。……其水东入长城,小榆水合焉。历涧西北,穷谷其源也。又东合首积水,水西出首积溪,东注诸次水,又东注于河。"他说的"诸

---

[1] 汉族有四大背景。白狄姬姓,与周同姓。赤狄隗姓,与周通婚。二族来自内蒙古。羌胡来自青藏,是姜姓的背景。猃狁来自西域,为允姓所出。
[2] 府谷境内的大河只有纳林川和黄甫川,这是头一条大河。它下面的清水川、木瓜川、孤山川、石马川都比较小。

次水",一般认为是佳芦水,但佳芦水偏南,不可能经过龟兹西北的榆林塞,也不可能东入长城。我认为,他说的这条河,从种种迹象看,只能是秃尾河。这次到石峁古城考察,车过大堡当遗址(堡当,蒙语的意思是"草滩"),在采兔沟附近右转,我们是傍着秃尾河走。穿越长城处,河岸右手有一条河,远处长城逶迤,正是傍着此水走,我想这就是"小榆水"了。"首积水"则是其下游的另一支流。石峁古城在高家堡镇东北,遗址在山梁上,时代属龙山时期,位置处于长城线上的古石城分布带。它分内外二城,内城有"皇城台",如后世宫城,外城类似东周外郭城。城门有瓮城、马面,墙体用纴木加固,给人的印象是非常"现代"。长城一线,自古就有垒石为城、树榆为塞的传统。此城年代早,对探讨长城的起源很重要。[1] 上郡龟兹县的榆林塞在此水上。

2. 无定河(参看《水经注·河水三》)

无定河,古代有两个名字,一名圁水,一名奢延水。郦道元讲圁水,在《水经》河水过圁阳条下,涉及白土、鸿门、圁阴、圁阳四县,重点讲圁阳县;讲奢延水,在《水经》河水过离石条下,涉及奢延、龟兹、肤施,重点讲肤施县。盖其上游有两个源头,各以源头命名之。其北源为"白土城圁谷",圁水出焉;南源为"奢延城西南赤沙阜",奢延水出焉。圁水东流,经圁阴、圁阳,二城得名于水,故郦道元述于"西河圁阳县"下。奢延水,"俗因县土,谓之奢延水,又谓之朔方水矣",水是因城而名,故郦道元述于"奢延水"下。白土在内蒙古乌审旗陶利镇附近,奢延在内蒙古鄂托克前旗城川镇附近。无定河上游是两条河,圁水出西北,奢延水出西南。前者是纳林河(蒙语作"纳林格勒",意思是细小的河),自西北往东南流,源头在白土城。奢延水是红柳河的支流,自西南往东北

---

[1] 长城是中国特色,但不是中国独有。罗马帝国和波斯帝国也都在其北境筑长城,防御所谓北方蛮族。

流，源头在奢延城。红柳河很长，源头是靖边南白於山。二水在鄂尔多斯地区，本来是两条河，临入陕西前，才并为一条河。这条河，蒙其上游之名，既可叫圁水，也可叫奢延水。郦道元讲水，有"并受通称之例"，名字虽然是两个，其实是同一条河。过去，大家被这两个名字绕糊涂，以为奢延水是无定河，圁水是另一条河，在无定河北面的神木境内，或以窟野河当之（杨守敬），或以秃尾河当之（如谭其骧），这是导致一系列地名搬家的主要原因。如谭其骧主编的《中国历史地图集》（中华地图学社，1975年）第二册：20—21，就把白土、鸿门、圁阴、圁阳四县标在秃尾河上。现在大家都已明白，圁水和奢延水是同一条河，就是现在的无定河（唐代已有此名）。这是认识上的大突破。无定河穿越秦长城后，它是经横山、米脂、绥德，在清涧入河。这一段，从西到东，有五个汉县：肤施、鸿门、圁阴（或圜阴）、平周、圁阳（或圜阳），与黄河东岸、山西一侧的隰成、蔺、离石、皋狼、中阳隔河相望。我把前者叫"肤施五县"，后者叫"离石五县"（详下）。这十个县，除肤施属上郡，其他都属西河郡。汉上郡白土、奢延、肤施三县在此水上。

无定河有五大支流。

（1）芦河（参看《水经注》卷三）

源出靖边南白於山，在横山县城北，上注无定河。此河是无定河入陕后首注无定河的大河，郦道元叫神衔水。他说，"圁水出上郡白土县圁谷，东迳其县南，……东至长城，与神衔水合"，是讲圁水合神衔水，"县南"指白土县南。下文，"水出县南神衔山，出峡，东至长城，入于圁"，是讲神衔水合圁水，"县南"指县境以南，只表示方向，指芦河的源头远在白土县以南。郦道元说的神衔水，学者有各种猜测，其实最合适，还是今芦河。它源出靖边南白於山，北流，过今靖边县城，东行，在杨桥畔附近穿秦长城，然后沿秦长城内侧，在横山县城北，注入无定河，与郦道元的描述最符合。上郡阳周县在此水上。

(2) 海流兔河（参看《水经注》卷三）

海流兔河，源出内蒙古乌审旗东南巴彦柴达木镇（海流兔庙），东南流，在榆林市东南角和横山县西北角交界处，注入无定河。海流兔河是蒙语河名（蒙语地名多以"兔"字为后缀）。这条河是大河，但研究榆林地区的古城址，很少有人提到这条河。我怀疑，郦道元提到的帝原水，很可能在海流兔河以东，也许比较小。问题恐怕还要做进一步研究。旧说帝原水是榆溪河，乍看似乎很合理，但仔细推敲，与《水经注》的描述并不符合。吴镇烽说，榆溪河是梁水，不是帝原水，这是对的。[1] 我们要注意，郦道元讲帝原水，是在奢延水节。他讲奢延水，先讲源头，即奢延城。讲完奢延城，有支流四。这四条河，前两条可能在奢延县境，后两条可能在龟兹县境。温泉水"源西北，出沙溪，而东南流，注奢延水"，在无定河过统万城前。黑水"水出奢延县黑涧，东南历沙陵，注奢延水"。郦道元说，统万城在奢延水之北、"黑水之南"，似乎黑水是纳林河的别名。今纳林河注入无定河后，其南面的河正叫黑河。交兰水"水出龟兹县交兰谷，东南流，注奢延水"，我怀疑，这条河就是现在的海流兔河。镜波水"水源出南邪山南谷，东北流，注于奢延水"，显然在无定河南。郦道元讲完这四条河，才讲帝原水。他讲帝原水，是为了讲肤施城。肤施以东，他是放在前面讲圁水的部分。[2] 班固说，肤施四祠，其中有帝原水祠。帝原水显然是肤施的标志，应该跟肤施搁一块儿，放在西段，而不是跟圁阴的位置搁一块儿，搁在东段。我们要注意，郦道元之所以把同一条河分两处讲，除区别源头，还有一个用意，是区别上郡和西河郡。他讲奢延水，主要讲西段，从奢延到肤施；讲圁水，主要讲东段，从鸿门到圁阴、圁阳。

---

[1] 上引吴镇烽文，第67页。
[2] 他讲奢延水，最后一句话是"自下亦为通称也"，原文似乎是说，自此节以下，他是以"奢延水"为今无定河的统称，圁水只是它的别名。郦道元讲圁水，今本放在浦水后，不合顺序，似乎应在奢延水后。

前者是上郡段，后者是西河段。我想，帝原水绝不可能在西河段，而只能在上郡段，与肤施故城比较近。郦道元说，帝原水"西北出龟兹县，东南流，县因处龟兹降胡著称。又东南，注奢延水。又东，迳肤施县南"。我理解，他说的"西北出龟兹县"，不是说此水源出龟兹县城（榆溪河的源头是榆林市北的万兔海子，不是这座城），而是说它源出龟兹县境。当时的龟兹县，范围比较大，约与今榆林市相当（不包括榆林市的下辖县）。"又东南，注奢延水。又东迳肤施县南"，则是说此水东南流，注无定河，往东走一点，县城就在无定河的北岸。因此我怀疑，上郡肤施县应在无定河北、海流兔河以东、秦长城以内某条河的旁边（详下）。这跟大家的看法不一样。

（3）榆溪河（参看《水经注》卷三）

源出榆林市北小壕兔镇的万兔海子，自北而南，在榆林市榆阳区鱼河镇的王沙圪，下注无定河。鱼河镇，对面是横山县党岔镇。西河圁阴县就在党岔镇（详下）。榆溪河（也叫榆林河），水名得自塞名（秦汉故塞多以榆为名，不止一处）。榆溪河与无定河交汇后，无定河东南流，与榆溪河并成一顺儿，好像榆溪河的延续。郦道元讲圁阴，是放在圁水节，先讲白水城，再讲神衔水。讲完神衔水，他是跳过肤施城和帝原水（放在下奢延水节讲），先讲鸿门县，再讲圁阴、圁阳，这些都是西河郡的县。他说："圁水又东，梁水注之，水出西北梁谷，东南流，注圁水。又东，迳圁阴县北。"显然是把圁阴放在梁水与圁水交汇处讲，并把圁阴的位置放在圁水南岸。他说的梁水，毫无疑问，就是榆溪河。过去，大家之所以把上郡肤施县安在鱼河镇，主要就是因为，错把榆溪河当成了帝原水。汉上郡龟兹县和西河圁阴县都在此水上。

（4）大理河（参看《水经注》卷三）

源出靖边东南，在无定河下，横流，在绥德注入东南流的无定河。此河即郦道元提到的平水，确实是一条平流的水。他说，平水"出西北平溪，东南入奢延水"。今子洲县位于这条河上。无定河和大理河，古代的名字很形象。圜者圆也，平者直也。两者合在一起，好像上弧下弦一张弓。圜水是弓背，平水是弓弦。圜阴、圜阳改圁阴、圁阳，固然属于通假（圁与圜古音相近），但也包含了意义上的变化，比原来更能显示它的形状特点。

（5）淮宁河（参看《水经注》卷三）

源出子长北，在大理河下，横流，也在绥德县注入东南流的无定河。此河即郦道元提到的走马水。他说，奢延水"又东，走马水注之。水出西南长城北阳周县故城南桥山"。这里的"西南长城"，应指靖边县境内的秦长城。[1] 这段话的意思是什么？我理解，这是说走马水的源头在桥山，桥山在阳周故城南，阳周故城在靖边长城北。这对判断上郡阳周城和桥山的位置很重要。

（二）上郡南部的大河

1. 洛河

源出定边南梁山，从西北往东南流，在大荔、华阴交界处、华仓遗址北流入渭河。洛水有二，河南洛水和陕西洛水，前者入河，后者入渭。河南洛水见《水经注》卷十五，陕西洛水见《水经注》卷十九结尾。郦道元讲渭水，讲到最后，只有一句话，"洛水入焉。"公元前409年，秦简公堑洛为防。这是秦晋争夺的生命线。陕西大河，除渭河横行，黄河纵流，往往斜行，东南流，洛河以上的河多入河，洛河以下的河多入渭。两周秦汉，国都皆横陈于渭河流域。如汧渭之会有陈仓（雍城、岐周居其东），泾渭之会有咸阳、长安，洛渭之会有华阴（潼关居其东）。今有吴起、甘泉、富

---

[1] 秦长城自宁夏入陕西，头一站是定边，第二站是靖边。它是从靖边南，先朝北走，到靖边县城，再向东拐，过杨桥畔，然后沿芦河北上，横穿山西境，奔榆林、神木。靖边境内的长城是陕北长城的西南段，横山、榆林、神木境内的长城是陕北长城的东北段。

县、黄陵四县在洛河上。汉上郡洛都、襄洛二县可能在此水上。

洛河支流,主要有两条:

(1)葫芦河

源出甘肃华池北田庄村。郦道元没有提到这条河。葫芦河与洛河交汇处是今洛川县。

(2)沮河(《水经注》卷十六《沮水》)

源出黄陵县西北子午岭上的沮源关。此河与《诗经·大雅·绵》所说沮水无关,是另一条沮水。沮河与洛河交汇处是今黄陵县。汉上郡浅水县在此水上。

2. 延河

古称区水,源出靖边南,东南流,在延长县注河,郦道元叫清水。《水经注》卷三《河水三》:"清水又东,迳高奴县,合丰林水,《地理志》谓之洧水也。"高奴县在延安市宝塔区中心,延河北岸。丰林水即丰富川,东南流,在李家渠镇注入延河,赫连勃勃的丰林城就建在此镇以东的周家湾。延河过高奴城,左合丰富川,向东流,经姚店镇、甘谷驿镇,流入延长县。郦道元说延河东段,《汉书·地理志》叫洧水。今本《汉书·地理志》谓高奴县"有洧水,可蘸(燃)"。有人以为,既言洧水可燃,洧水就是石油。但郦道元引之,"可"上还有"肥"字,意思是说,洧水富含油脂,油脂可燃,仍把洧水当水名。延长出石油,自古有名。1907年,中国的第一口石油钻井,"延一井",就打在延长县城,现在陕西延长石油集团仍在延长采石油。石油,唐段成式《酉阳杂俎》卷十叫"石脂水",宋沈括《梦溪笔谈》卷二四叫"石油"。此次考察,有延长石油集团的专家陪同,我们曾于延长安沟河目睹水中岩缝出石油,足证古人之言不虚。汉上郡高奴县在此水上。

3. 云岩河(参看《水经注》卷三《河水三》)

此河分上下两段,上游流经延安市麻洞川镇,旧称麻洞川,今称汾川

延长：水中出石油

河；下游流经宜川县云岩镇，才叫云岩河。这是现在的划分。古人有另一种划分，是以黑水、白水分。《水经注》卷三《河水三》："黑水出定阳县西山，二源奇发，同泻一壑。东南流，迳其县北，又东南流，右合定水，俗谓之白水也。水出其县南山定水谷，东迳定阳故城南。应劭曰：县在定水之阳也。定水又东，注于黑水，乱流东南，入于河。"黑水、白水怎么分？主要看它们的源头。今延安市有南泥湾镇。这个南泥湾，现在因1941年八路军三五九旅在此搞大生产运动而大出其名，古代很重要。云岩河有两个源头，一个源头在此镇以西，一个源头在此镇以南。黑水的源头在延安西，其水东南流，流到南泥湾，算告一段落。此镇以南7.5公里有崂山，崂山东麓有九龙泉。九龙泉从右手方向汇入，继续向东南流，最后在宜川入河。接下来这一段叫白水。白水即古定水。汉上郡定阳县在定水上。定阳的意思是说在定水北岸，估计就在南泥湾镇附近。

4. 漆水河和石川河（参看《水经注》卷十六）

此漆水河非泾西漆水河，与彬县水帘河、麟游漆水河、岐山横水河无关。《水经注》有两漆水，一见《漆水》，一见《沮水》，都在卷十六。这里的漆水是《沮水》篇的漆水。此河源出铜川市北，与沮水合，进入富平县，叫石川河。石川河东南流，在临潼东北入渭。汉上郡漆垣县在漆水河上。

二、上郡的演变

陕西地图像个跪坐之人，脸朝西北（匈奴），背对黄河，屁股坐在渭河、秦岭上。秦汉帝国，所有国都都在渭河流域。上郡和西河郡是它的北部屏障。

上郡诸县，有个最大特点，它是傍着秦直道。其北部有长城斜穿其境，边防重镇是在长城线上，其他边城，以障塞相连，散布在长城外的毛乌素沙漠里。南部不一样，城邑多在洛河、延河、云岩河和漆水河上，大体是沿秦直道的内侧走。

上郡亦称上地。秦惠文王十年（前328年），魏纳上郡15县于秦，秦始扩其东境于黄河西岸。秦设上郡于秦昭王三年（前304年）。楚义帝元年（前206年）正月，秦亡，项羽分关中之地为四国，封董翳（故秦将）为翟王，王上郡。当年八月，董翳降汉。班固注："秦置。高帝元年更为翟国，七月复故。""七月"当作"八月"。

西汉上郡，早期因秦。元朔四年（前125年），武帝把上郡一分为二，西部不变，东部析为西河郡。上郡近胡，有匈归都尉，班固注："匈归都尉治塞外匈归障，属并州。"颜师古注："匈归者，言匈奴归附。"上郡住着不少匈奴移民，是个汉胡混居的地区。

东汉永和五年（140年），汉畏胡势，上郡迁夏阳（今韩城），是向东南方向撤退。

上郡之地,有秦直道纵贯南北,乃古代的"国防高速",其他道路,还有许多。今高速路,铜川至延安是一条道,延安至榆林是两条道,仍可反映古道的大致走向。南道,铜川至延安,走汉上郡地。北道分叉,西路走汉上郡地,东路走汉西河地。上郡居民点稀,西河郡居民点密。东路比西路更重要。

三、上郡二十三县

肤施:疑在横山西北与榆林东南交界处,秦长城和无定河的夹角里。[1] 班固注:"有五龙山、帝原水、黄帝祠四所。"

【案】肤施是上郡首县,为上郡治所。上郡二十三县,此县最重要,但谁也说不清它到底在哪里,令人遗憾。旧说肤施在榆林鱼河堡,主要是因为把帝原水当成榆溪河,以为肤施故城一定在榆溪河与无定河的夹角里。但现在大家都已知道,榆溪河与无定河的交汇处是汉圁阴县,肤施还在它的西面,肯定不在这一带。吴镇烽怀疑,肤施在靖边杨桥畔的龙眼城,[2] 虽把肤施放在西边,比起旧说把它放在东边好,但这个位置又太偏西南,远离无定河,也不符合古人的描述。寻找肤施,班固说的肤施四祠是重要线索。《汉书·郊祀志》说,汉宣帝"立五龙山仙人祠及黄帝、天神、帝原水,凡四祠于肤施"。对比可知,班注遗天神祠。五龙山仙人祠,山在横山城殿镇五龙山村,高出地面70米,山上有庙(前身是唐代的法云寺),是肤施境内的第一名山。[3] 黄帝祠与黄帝陵有关。黄帝陵在阳周桥山。我们从考古发现看,龙眼城才是阳周(详下)。祠、庙如果比邻,则黄帝祠可能在横山

---

[1] 这里的秦长城指秦昭王长城,现存遗迹时断时续,明长城可以反映它的大致走向。
[2] 上引吴镇烽文,第58—59页。
[3] 《水经注》卷三《河水三》:"司马彪曰:增山者,上郡之别名也。东入五龙山,《地理志》曰:县有五龙山、帝原水,自下亦为通称也。历长城东,出于赤翟、白翟之中。"这段话比较费解,"东入五龙山"也许是说增山东入五龙山。

西南。帝原水,东南流,注无定河,是肤施境内的第一名川。上文已说,此水可能是海流兔河以东的某条河。我怀疑,可能即喇嘛塔梁以东的那条河。[1] 这一山一水一庙,可以卡定肤施县的大致范围。我看,今横山、榆林间,只有一个地方最符合这一条件,这就是秦长城和无定河的夹角。今横山县的西部,县城在芦河上,秦长城和两道明长城夹河而上,包着它的西北两面,[2] 五龙山在其东,我想,这一块就是肤施县的南部,而肤施县的北部,一定是榆林市的西南角。郦道元说,肤施城在帝原水和奢延水交汇处以东,奢延水是从肤施县南流过,可见城在北岸。上郡别名增山,郦道元引司马彪说:"增山者,上郡之别名也。"增有积高累重之义。增山者,犹言重峦叠嶂。今横山县南有横山山脉,平均海拔1400米,县名虽晚出(1914年),但以山名县,正合古义,可以反映肤施的地形地貌。它的位置,估计应在秦长城和无定河的交叉点。长城线上,北有龟兹,南有阳周,它是中心。无定河上,西有白土、奢延,东有圁阴、圁阳,它也是中心。上文提到无定河上有"肤施五县"。我把它们从西到东排了个顺序:肤施第一,鸿门第二,圁阴第三,平周第四,圁阳第五。这五县,肤施属上郡,鸿门、圁阴、平周、圁阳属西河,两郡界线在肤施、鸿门之间,可见没法把肤施放在鸿门以东。另外,顺便说一下,古代叫肤施的地名不止一处。《史记·赵世家》:"(赵惠文王)三年,灭中山,迁其王于肤施。"前人都说,这个肤施就是上郡肤施,不对。这个问题,我讨论过。[3] 赵迁中山王于肤施,那个肤施是山西五台的虑虒城。中山是滹沱河上的国家,虑虒在滹沱河上游,灵寿在滹沱河下游,赵迁其君,只是把他从下游迁到上游,并不是说,把他送到陕北。更何况,当时上郡属秦,肤施是秦县。

独乐:今地待考。班固注:"有盐官。"

【案】周振鹤说:"治今陕西横山县东。"(《汇释》376页)旧多怀疑,独乐可能在米脂一带,但吴镇烽据汉画像石题记考证,米脂一带的汉县有平周。[4] 榆林地区

---

[1] 今榆林市西南角,海流兔河上有红石桥镇,镇东有古城界遗址。此城在秦长城外。肤施古城应在秦长城内,估计还在其东,大约在波罗堡对面。
[2] 明长城,不但修西墙,设怀远堡(即今县所在),还在无定河南岸加北墙,设波罗、响水二堡,把它的西北两面全包起来。
[3] 李零《滹沱考》,《黄盛璋先生八秩华诞纪念文集》,北京:中国教育文化出版社,345—347页;《再说滹沱》,《中华文史论丛》2008年4期,25—33页。
[4] 上引吴镇烽文,第53—69页。

阳周．龙眼城遗址出土汉代陶罐

富藏岩盐，主要分布在榆林、米脂、绥德、佳县、吴堡，储量达六万亿吨，占全国储量的一半。

阳周：秦县，疑即靖边杨桥畔的龙眼城。后汉省。班固注："桥山在南，有黄帝冢。莽曰上陵畤。"

【案】蒙恬常住上郡，死葬阳周城，见《史记》的《项羽本纪》、《李斯列传》、《蒙恬列传》，说明阳周必在肤施附近。"阳周"见秦兵器，如故宫博物院藏阳周矛（两件）。[1] 阳周有黄帝陵。《水经注》卷三《河水三》："阳周县故城南桥山，昔二世赐蒙恬死于此。王莽更名上陵畤，山上有黄帝冢故也。帝崩，惟弓箭存焉，故世称黄帝仙矣。"此陵不是黄陵县的黄帝陵，而是与肤施为邻的黄帝陵。龙眼城在靖边杨桥畔镇杨桥畔村龙眼水库北侧，位于芦河北岸、秦长城内侧，是个1300米×600米的大城。遗址出土过一件东汉陶罐，铭文作"阳周塞司马"。这次在靖边文管会看库房，有幸见到这件陶罐。很多学者认为阳周就是这座古城。我认为，从地理形势看，此说最合理。杨桥畔，今名缘何而起，值得调查，或即阳周桥山之谓也。

木禾：今地待考。后汉省。

【案】木禾，或以树木为嘉禾？[2]

平都：或与平水（大理河）有关。后汉省。

【案】赵有平都，在山西忻州，与此无关。周振鹤说："治所当在今陕西子长县西南。"（《汇释》，377页）这里的平都或与平水有关。平水是大理河，流经今子洲县

---

[1] 中国社会科学院考古研究所编《殷周金文集成》，北京：中华书局，2007年，第八册，11463、11464。

[2] 榆林地区，长城以外，地势平缓，多风沙草滩地，植被以耐寒耐旱的红柳（柽柳）、枳芨（芨芨草）、蛤蟆草（白刺）为主，与内蒙古相似。因为树少，所以贵之。我相信，植树造林，不自今日始。古代移民戍边，一样植树造林，如所谓榆塞，就是树榆为塞。

境，在肤施以南。辽宁博物馆藏平都矛，矛上刻有四个地名，"平都"是第一。[1]

浅水：在黄陵西北沮河北岸。班固注："莽曰广信。"后汉省。

京室：即白水县北粟邑城。班固注："莽曰积粟。"后汉省。

【案】"京室"者，崇屋广厦之谓也，疑指仓储之所。《水经注》卷十六《沮水》说，沮水"又东，迳粟邑县故城北，王莽更名粟城也"。这两条皆与沮河有关。

洛都：秦县，或与洛水有关。后汉省。班固注："莽曰卑顺。"

【案】洛水沿岸是上郡西北到关中的大通道。今有洛川，在洛水之上。洛川，后秦建初八年（前393年）置，不知是否与洛都有关。"洛都"见秦兵器，如十二年上郡守寿戈，[2]内刻"洛都、洛、平陆"，胡刻"广衍、洛都"和"欧"。

白土：汉初已有，见《高祖本纪》、《韩信卢绾列传》，疑在内蒙古乌审旗陶利镇（苏布日庙，也叫陶利苏木）附近。班固注："圜水出西，东入河。莽曰黄土。"颜师古注："圜音银。"

【案】班固注是讲无定河的流向：圜水出白土西，为一头；东流入河，为一尾。颜师古注则把"圜水"读成"圁水"。《水经注》卷三《河水三》："圁水出白土县圁谷东，东迳其县南。"郦道元讲得很清楚，圁水出圁谷，圁谷在白土西，圁水出圁谷，流经白土县南，可见白土在无定河上游，离它的北源很近。《史记·匈奴列传》正义引《括地志》："白土故城在盐州白池东北三百九十里。"盐州白池在陕西定边西，白土故城在其东北，方向很对，"三百九十里"，距离也合适。关于白土，有两种误解，一说白土即统万城，一说白土即神木大堡当汉城。榆林地区多白城，如统万城就是用白色三合土夯筑，其南有村，叫白城则。但《史记·三王世家》褚先生曰，谓诸侯王始封者受土于天子之社，归立国社，"封于东方者取青土，封于南方者取赤土，封于西方者取白土，封于北方者取黑土，取于上方者取黄土"。"白土"只是五行说的方色之一。王莽改白土为黄土，正是附会五行说的方色。五行说，白色代表西方，黄色代表中央，白色换黄色，象征中国胜西方。可见白土以白土为名，未必与墙土之色有关，只是表示城在西方而已。白土即神

---

[1]《殷周金文集成》，第八册，11542。
[2]《殷周金文集成》，第七册，11404。

木大堡当汉城,其说盖袭谭其骧,以秃尾河为圁水。圁水不是秃尾河,上已辩明,这里不再多说。[1]

襄洛:今地待考。后汉省。班固注:"莽曰上党亭。"

【案】周振鹤说:"治所当在今富县西北。"(《汇释》,378页)襄洛可能也与洛水有关,富县正在洛水上。北魏孝文帝改襄洛为襄乐,迁于甘肃宁县,非此。

原都:今地待考。后汉省。

【案】"原都"见《史记·孝景本纪》,汉初已有。

漆垣:秦县,在铜川漆河畔。班固注:"莽曰漆墙。"后汉省。

【案】垣、墙同训。"漆垣"见于秦兵器,如辽宁省博物馆藏漆垣戈。[2]秦上郡守监造的兵器多出漆垣工师之手,铭文"漆垣"可以省称"漆"。

奢延:在内蒙古鄂托克前旗城川镇(城川苏木)附近。班固注:"莽曰奢节。"

【案】奢延是无定河南源,附近有奢延泽。奢延,估计是匈奴语,含义不详。"奢延"改"奢节",延者伸也,节者止也,含义相反。"奢节"可能指对过分的行为加以限制。《水经注》卷三《河水三》:"(河水)又南,奢延水注之。水西出奢延县西南赤沙阜,东北流。……俗因县土,谓之奢延水,又谓之朔方水矣。"照此描述,奢延水在奢延城西南,奢延城在奢延水东北,水是因城而名。今城川镇东北有唐宥州城址,不知是否建于汉城遗址上。

雕阴:秦县,在富县北。颜师古注:"雕山在西南。"

【案】雕阴曾为战国魏县,见《史记》的《魏世家》《苏秦列传》,秦夺之。该县西南有雕山,雕阴在雕山北,故名。

推邪:今地待考。班固注:"莽曰排邪。"后汉省。

【案】推、排同训,俱有辟除、驱斥之义,"推邪""排邪"犹言辟邪。

---

[1] 内蒙古伊金霍洛旗阿勒腾席热镇车家渠村四社西南1公里有一小城(边长只有230米),见国家文物局主编《中国文物地图集》内蒙古自治区分册,北京:文物出版社,2003年,下册,594页。有人把这个小城定为上郡白土县故城,也不可信。

[2]《殷周金文集成》,第七册,10935。

桢林：旧说在内蒙古准格尔旗西南。后汉省。

高望：秦县，在内蒙古乌审旗北。后汉省。班固注："北部都尉治。莽曰坚宁。"

【案】汉代边郡常设都尉，按方向分部，治部下障塞。上郡有北部都尉二、属国都尉一。高望是北部都尉的治所。"高望"见秦兵器，如故宫博物院藏高望矛（两件）和1981年河北省正定县出土高望戈，就是北部都尉的兵器。[1] 又九年弋丘令戈也有这个地名。[2]

雕阴道：在甘泉县西，位于雕阴和高奴之间。后汉省。

龟兹：即榆林市北的古城滩古城。班固注："属国都尉治。有盐官。"颜师古注："龟兹国人来降附者，处之于此，故以名云。"

【案】汉代边郡常设属国都尉。属国是安置归义降胡的地方，汉从新疆迁龟兹民于此城，也属于这种性质。"属国"，本作"属邦"。"属邦"常见秦兵器，汉代避讳，改为"属国"。古城滩古城，在榆林市青云镇古城滩村，是榆林地区现已发现规模最大的汉城（周长4800米）。《水经注》卷三《河水三》："河水又南，诸次之水入焉。水出上郡诸次山。……其水东迳榆林塞，世又谓之榆林山，即《汉书》所谓榆溪旧塞者也。自溪西去，悉榆柳之薮矣，缘历沙陵，届龟兹县西北，故谓广长榆也。"郦道元提到龟兹，是与榆林塞并说。他说的"诸次水"，一般认为是佳芦水，但佳芦水偏南，上游不及长城，似乎不可能东迳榆林塞。上面已经澄清，此水应是秃尾河。"榆林塞"，不是县，只是塞。这个塞是龟兹县的塞，位置应在古城滩古城的西北，位于秃尾河上。这个榆林塞和现在的榆林是什么关系，中间没有线索。学者认为，今榆林城是从明榆林寨发展而来，早先根本没有榆林城。早先只有三座古城以榆为名，一是赵武灵王时的榆中，二是蒙恬、卫青时的榆溪塞，三是隋以来的胜州榆林城。[3] 胜州榆林城即著名的十二连城（在准格尔旗

---

[1]《殷周金文集成》，第八册，11492、11493；樊瑞平、王巧莲《正定县文物保管所收藏的两件战国有铭铜戈》，《文物》1999年4期，第87—88页。

[2]《殷周金文集成》，第七册，11313。

[3] 侯仁之、袁樾方《风沙威胁不可怕，"榆林三迁"是谣传——从考古发现论证陕北榆林城的起源和地区发展》，《文物》1976年2期，66—72转86页。

北，离托克托不远），年代太晚，郦道元不可能提到。王恢以此塞为榆林塞，苏林以此塞为榆中，郦道元俱以为非。他说，榆溪塞应在朔方郡的阴山，榆中应在金城（甘肃兰州），都不在上郡的范围之内。但他并不否认，龟兹西北有榆林塞。

定阳：秦县，上文考证，其地在古定水北岸，即今延安东南的南泥湾。颜师古注引应劭说："在定水之阳。"

【案】定阳见《战国策·齐策五》，战国已有。"定阳"见秦兵器，如故宫博物院藏□年上郡守戈。[1]

高奴：秦县，在延安市宝塔区桥儿沟镇尹家沟村西。

【案】高奴城规模较大（1000米×900米）。"高奴"见于秦兵器，如高奴矛，[2]以及七年上郡守间戈。[3]秦上郡守监造的兵器多出于高奴工师和漆垣工师之手，铭文"高奴"可以省称"高"。1964年西安市高窑村出土高奴权，[4]1979年旬邑县出土高奴簋，[5]也是高奴制造。

望松：今地待考。后汉省。班固注："北部都尉治。"

【案】云中郡有两东部都尉、两西部都尉、两中部都尉。王先谦《补注》："一郡二北部，盖误文。"未必。

宜都：在高望附近。后汉省。班固注："莽曰坚宁小邑。"

【案】王先谦《补注》："县无四字为名者，疑小字衍。"不对。坚宁即上高望，宜都是高望附近的小城。

---

[1]《殷周金文集成》，第七册，11363。
[2]《殷周金文集成》，第八册，11473。
[3] 陶正刚《山西屯留出土一件"平周戈"》，《文物》1987年8期，第61—62页。
[4] 陕西省博物馆《西安市西郊高窑村秦高奴铜石权》，《文物》1964年9期，第42—45页。
[5] 卢建国《陕西铜川发现战国铜器》，《文物》1985年5期，第44—46页。

四、小结

以上23县，似可分为四区：[1]

（一）鄂尔多斯地区南部（在秦长城外，多障塞，是汉胡争夺区）

1．准格尔旗：桢林。

2．乌审旗：高望、望松、宜都、白土。

3．鄂托克前旗：奢延。

（二）榆林地区（在秦长城沿线）

1．秦长城榆林段：龟兹。

2．秦长城榆林—横山段：肤施。

3．秦长城靖边段：阳周。

这三个城，上面已说，龟兹、阳周都是一等大城。肤施的规模应该不在其下。

（三）延安地区

1．子长：平都。

2．延安：高奴、定阳。

3．甘泉：雕阴道。

4．富县：雕阴。

5．黄陵：浅水。

6．疑在洛水上：洛川、襄洛。

（四）铜川地区

1．白水：京室。

---

[1] 这23县，有10县见于张家山汉简《二年律令》的《金布律·秩律》。它们是高奴、雕阴、洛都、漆垣、定阳、阳周、原都、平都、高望、雕阴道。参看张家山二四七号汉墓竹简整理小组编《张家山汉墓竹简（二四七号墓）》，北京：文物出版社，2001年，第192—203页。

2．铜川：漆垣。

（五）其他：独乐、木禾、原都、推邪。

这23县，肤施很重要，可惜至今没有找到相应的城址。

（原载《九州》第五辑，北京：商务印书馆，2014年）

陕北画像石

陕北笔记（下）
——读《汉书·地理志》西河郡

一、西河郡的大河

西河郡，所谓西河，本来是三晋，特别是魏国的概念。"西"指三晋以西，"西河"是三晋以西的黄河两岸。黄河之水，自西往东流，有个大拐弯，上凸如几字形。西河诸县，主要分布在这个几字形的东半。有些在黄河内蒙段的南岸，有些在黄河山陕段的两岸。

郦道元讲西河郡的大河，其叙述顺序是：湳水—端水—诸次水—陵水—汤水—离石水—奢延水—龙泉水—契水—大蛇水—辱水—区水—定水。其对应今水主要是：

1. 纳林川和黄甫川（在黄河西岸）

这是同一条河的上下两段。此河源出内蒙古准格尔旗点畔沟，在山西府谷县黄甫镇川口村入河。纳林川是此河上游，指它流经准格尔旗的一段；黄甫川是此河下游，指它流经府谷县的一段。湳水是纳林川和黄甫川的统称。《水经注》卷三《河水三》："河水又右，得湳水口。水出西河郡美稷县，东南流。……其水俗亦谓之为遄波水，东南流入长城东。咸水出长城西咸谷，东入湳水。又东南，浑波水出西北穷谷，东南流注于湳水。

浦水又东,迳西河富昌县故城南,王莽之富成也。浦水又东流,入于河。"黄河经内蒙古高原,向南转,折向陕西、山西间的峡谷,头一条支流就是这条河。汉西河富昌、美稷二县在此水上。美稷县在纳林川上,富昌县在黄甫川上。

2. 窟野河（在黄河西岸）

今神木县在窟野河上。窟野河是古代什么河,一向不清楚。郦道元讲完浦水讲端水。从叙述顺序看,端水应即窟野河。《水经注》卷三《河水三》:"河水又东,端水入焉。水西出号山,……而东流注于河。"窟野河,上游在内蒙古准格尔旗,叫乌兰木伦河（蒙语的意思是"红色的河"）。牸牛川是这条河的支流。汉西河广衍县即在此川上。

3. 秃尾河（在黄河西岸）

郦道元叫诸次水。旧说诸次水是佳芦河,不对。诸次水是秃尾河,说见上篇。

4. 佳芦河（在黄河西岸）

源出榆林西北,在今佳县佳芦镇入河。我们从郦道元的叙述顺序看,佳芦河应是诸次水下面的另一条河流,即郦道元所谓的汤水。《水经注》卷三《河水三》:"河水又南,汤水注之。《山海经》曰:水出上申之山,上无草木,而多硌石,下多榛楛。汤水出焉,东流注于河也。"佳芦河是佳县境内的大河。佳县旧作葭县,佳芦河旧作葭芦河。古无葭县,金设葭州,明设葭县,才有佳县。今县于唐代属银州地,汉代可能是圜阴县的渡口。佳县的对面是山西临县。两县往来,交通要道是佳县佳芦镇和临县克虎镇。

5．湫水河（黄河东岸）

源出山西兴县东南，在山西临县碛口镇大同碛入河。黄河流经大同碛，突然收窄，水势湍急。湫水河，郦道元叫陵水。《水经注》卷三《河水三》："河水又南，陵水注之。水出陵川北溪，南迳其川，西转入河。"1948年，毛泽东从陕西去山西，本想从佳县渡河，为了避敌耳目，特意把渡口选在佳县南境外，从吴堡岔上乡川口村登舟，在临县碛口镇高家塔村上岸。登岸处即湫水河入河处。汉西河临水县在此水上，现在叫临县。

6．无定河绥德段（在黄河西岸）

无定河是横穿上郡、西河两郡的大河，说见上篇。汉"肤施五县"在无定河上，除肤施属上郡，其他四县属西河郡，圁阳是最后一县。圁阳在绥德（详下）。吴堡在绥德东。古无吴堡，金设吴堡县，才有吴堡。今县于唐代属绥州地，汉代可能是圁阳县的渡口。吴堡对面是山西柳林。两县往来，交通要道是吴堡宋家川镇和柳林军渡村。

7．三川河（在黄河东岸）

源出方山东北离石山（赤坚岭），郦道元叫离石水。《水经注》卷三《河水三》："河水又南得离石水口，水出离石北山，南流迳离石县故城西。……其水又南出西转，迳隰城县故城南。……其水西流，注于河也。"三川河包括北川河、东川河、南川河。北川河是三川河的干流，流经离石，从柳林交口镇入河。东川河（分大东川和小东川）和南川河是北川河的支流。汉"离石五县"，离石、皋狼、蔺、隰成在北川河上，中阳在南川河上。这五县都属于西河郡。

8．无定河清涧段（在黄河西岸）

古无清涧，北宋设清涧城（宽州城），金设清涧县，才有清涧。今县于唐代属绥州，汉代属圁阳。无定河在清涧入河，入河处叫河口村。其北有渡口，陕西一侧叫辛关，山西一侧叫东辛关。1936年，毛泽东率红军东征，就是从辛关渡河。这一渡口，两岸多商代遗址（与鬼方有关）。李家崖商代城址就在辛关附近。石楼出商代铜器，义牒最多。义牒镇就在东辛关附近。

9．屈产河（黄河东岸）

源出山西石楼东南，在柳林下塌上村入河（刘志丹烈士殉难处在附近），郦道元叫龙泉水。《水经注》卷三《河水三》："县有龙泉，出城东南道左山下牧马川，上多产名驹，骏同滇池天马河。其水西北流，至其城东南，土军水出道左高山，西南注之。龙泉水又北，屈迳其城东，西北入于河。"汉西河土军县在这条河上。郦道元讲完龙泉水，还提到两条河：契水和大蛇水，因为和下面的讨论无关，这里不再谈。

10．秀延河和清涧河（在黄河西岸）

源出子长县，经清涧、延川，从延川入河，郦道元叫秀延水。今子长段仍叫秀延河，清涧、延长段则叫清涧河。《水经注》卷三《河水三》："河水又南，右纳辱水。……其水东流注于河，俗谓之秀延水。"

这十条大河，全是与西河诸县有关的河，俱见《水经注》卷三《河水三》。这些河都是龙门口以上的河。龙门口以下，要看《水经注》卷四《河水四》。后者提到一条河："赤水出西北罢谷，东流谓之赤石川，东入于河。河水又南合蒲水，西则两源俱发，俱导一山，出西河阴山县，王莽之山宁也。"赤水源出黄龙县中部，在宜川壶口镇的县川口入河。汉阴山县属西河郡，却跟这条河有关，附记于此。

二、西河郡的演变

班固注:"武帝元朔四年置。南部都尉治塞外翁龙、埤是。莽曰归新。属并州。"汉代的西河郡,是汉武帝元朔四年(前125年)始置,旧属上郡。西河郡不仅有北部都尉和西部都尉,这里还提到南部都尉,其治所在翁龙、埤是二塞。

西河,本来是三晋魏国的地理概念,指黄河山陕段西岸。秦夺西河后,把它并入秦国的上郡。

秦国的上郡,不仅包括整个陕北,还包括黄河内蒙段南岸(古人也称"河南")。秦国没有西河郡。汉西河诸县,见下引秦兵器,往往与秦上郡守有关。

汉代的西河郡,主要与黄河有关,不仅包括黄河南岸和西岸本来属于秦上郡的县,也包括黄河东岸秦人夺取的赵县。

三、西河郡三十六县

富昌:在府谷古城镇。班固注:"有盐官。莽曰富成。"

【案】古城镇在准格尔旗东南、府谷县西北,正好在它们的边界上,既是陕西省的东北角,也是汉西河郡的东北角。古城镇有两个古城址,一个在镇北古城村,年代早一点(战国—西汉);一个在镇东前城村,年代晚一点(汉代)。古城城址小(边长500米),前城城址大(50万平方米),疑即时间略有早晚的两个富昌城。《水经注》卷三《河水三》讲湳水,提到此城。《汉书·地理志》,首县多为郡治,富昌也如此。

駥虞:今地待考。后汉省。

【案】驺虞是以兽苑为县名。疑是塞外边城。

鹄泽：今地待考。后汉省。

【案】鹄泽是以湖泊为县名，鸿鹄集焉。疑是塞外边城。

平定：旧说在富昌附近，现在从考古发现看，学者怀疑，杭锦旗西的霍洛柴登古城就是汉平定城。班固注："莽曰阴平亭。"

【案】据《东观汉记》记载，西河郡曾治平定，应该是座大城。霍洛柴登古城在杭锦旗西的浩绕柴达木苏木（浩绕召），在整个鄂尔多斯地区，是规模最大的汉城（1446米×1100米）。城内出土"西河农令"铜印，也说明这里曾是西河郡。莽县或以亭名为县名，下文有慈平亭、五原亭。此城西北还有一座汉城，敖楞布拉格古城，是个530米×500米的城。

美稷：即内蒙古准格尔旗的纳林古城。班固注："属国都尉治。"

【案】纳林古城在纳林乡西北、纳林川东岸，是个410米×360米的城。纳林川是黄甫川的上游，美稷在富昌西北。此县是西河郡属国都尉的治所，类似上郡龟兹，也是安置归化民的地方。县以农作物为名，很可能是农垦区。稷是糜子，美稷是其品质优良者。

中阳：秦县，在山西中阳。

【案】中阳见《史记·赵世家》，初为赵邑，秦夺之。三晋货币有中阳布。"中阳"屡见秦兵器，如中国历史博物馆藏中阳戈、中阳矛，戈铭一面作"中阳"，一面作"饶"，矛铭一面作"中阳"，一面看不清。[1] 1983年内蒙古清水河县拐子上古城出土中阳戈，胡刻大字"广衍"，内刻小字"中阳"；[2] 1985年内蒙古伊金霍洛旗红庆河乡哈什拉村牛家渠出土十五年上郡守寿戈，[3] 内刻大字"中阳"和小字"西都"，还有一些磨损的字。中阳是"离石五县"之一。我把这五县从东到西排了个

---

[1]《殷周金文集成》，第七册，10986；第八册，11494。案：矛铭，原释"中阳""卒人"，后者看不太清，似乎不是"卒人"。

[2] 乌兰察布盟文物工作站《内蒙古清水河县拐子上古城发现秦兵器》，《文物》1987年8期，第63—64转76页。

[3] 陈平、杨震《内蒙伊盟新出十五年上郡守寿戈铭考》，《考古》1990年6期，第550—553页；《殷周金文集成》，第七册，11405。案：出土地即下虎猛县。

顺序：离石最东，是五县核心，排第一；皋狼在离石西北，排第二；中阳在离石南，排第三；蔺在离石西，排第四；隰成在蔺西，近河，排第五。

乐街：今地待考。班固注："莽曰截虏。"

【案】"截虏"指阻截戎胡，疑是塞外边城。

徒经：今地待考。后汉省。班固注："莽曰廉耻。"

皋狼：秦县，在山西吕梁市离石区西北。

【案】皋狼，初为赵县，秦夺之。此县初名宅皋狼，周成王封赵氏于此，是赵国的故都。宅皋狼也叫蔡皋狼。《战国策·赵一》、《韩非子·十过》提到知伯使人之赵，请蔡皋狼之地。皋狼是"离石五县"第二县。

大成：即内蒙古杭锦旗胜利乡的古城梁古城。班固注："莽曰好成。"

【案】"大成"、"好成"可读"大城"、"好城"。古城梁古城是个450米×400米的城，在上郡、西河两郡的边城中应算一等大城。

广田：今地待考。后汉省。班固注："莽曰广瀚。"

【案】《史记·匈奴列传》："又北益广田至眩雷为塞。"从语气看，广田必是汉地北境的边城之一。县以广田为名，或许是农垦区。

圁阴：在横山党岔镇南庄村。班固注："惠帝五年置。莽曰方阴。"颜师古注："圁，字本作圁，县在圁水之阴，因以为名也。王莽改为方阴，则是当时已误为圁字。今有银州、银水，即是旧名犹存，但字变耳。"

【案】圁阴设于汉初，在圁阳后。圁阳，战国已有（见下圁阳）。圁阴、圁阳，初作圁阴、圁阳，改于何时，值得注意。圁者圆也，从袁得声，袁与言古音相近，可以通假。颜师古以为王莽时，圁已写成圁，否则不会改圁为方。这话很有启发性。其实，改字的年代，从考古发现看，还要更早。例如张家山汉简《二年律令》的《金布律》就已提到"圁阳"，说明至少吕后二年（前186年）前后，这种写法就已出现。[1] 我认为，圁改圁不仅是通假，也包含意义上的变化。圁水出圁谷，最初只是地名，改字是为了形容河道的形状。圁，后世又易为银字。唐银州、银水，

---

[1] 参看张家山二四七号汉墓竹简整理小组编《张家山汉墓竹简（二四七号墓）》，195页。

银即圁字之变。唐代银州，即汉代圁阴，银水即汉代圁水。唐银州城在榆溪河与无定河的交汇处。北岸是榆林鱼河镇王沙圪（圪是低地），南岸是横山党岔镇银湾（岔是两河分岔处，湾是河道转弯处）。党岔镇有二城，唐银州城在山上，是西城或上城；汉圁阴城在山下，是东城或下城。汉城在无定河南岸，属于圁水之阴，故名圁阴（后改圜阴）。唐城出土过两方墓志，一方是石志（此次未能看到），一方是砖志，两种铭文都提到"圜阴"（这次考察，只见到后者），可见山下汉城是圜阴。现在，大家都已认识到，汉圁阴城跟唐银州城有渊源关系，圜阴之圜、银州之银，字本作圁。圜阴在什么地方，已经毫无问题。问题只是在于，它的范围有多大。我的看法是，圜阴主要在横山东（甚至包括米脂、佳县的一部分），并不包括横山西。横山西，主要是肤施县的地盘。圜阴是"肤施五县"的第三县。

益阑：今地待考。班固注："莽曰香阑。"

【案】阑可读兰。《续汉书·地理志》作"益兰"。

平周：秦县，旧说在山西介休西，吴镇烽考证，汉代平周在米脂县

圜阴城，唐银州城遗址出土砖志

"圜阴城"三字摹本

境内。[1]

【案】三晋货币有平州布。平州即平周。平周见《史记》的《魏世家》、《张仪传》，与曲沃并提。这个平周是战国魏县，与秦汉平周未必是一回事。平周见秦兵器，如平周矛，[2] 以及七年上郡守间戈、廿五年上郡守厝戈、卅年上郡守起戈。[3] 宋薛尚功《历代钟鼎彝器款识法帖》卷十九有平周钲，释文作"平周金铜钲，重六斤八两，平定五年受。圜阴"。这是和平周有关的汉代铜器。[4] 1978年米脂官庄出土过一件汉画像石，题记作"永和四年九月十日癸酉，河内山阳尉西河平周寿贵里牛季平造作千万岁室宅"。吴镇烽指出，墓主牛季平是归葬故里，"西河平周寿贵里"就是他的故里。可见汉代平周是从河东搬到了河西。汉代平周亦作平州，如汉将军路博德就是西河平州人。平周是"肤施五县"的第四县。

鸿门：在肤施、圜阴二县间，有鸿门亭当其路。班固注："有天封苑火井祠，火从地出也。"

【案】榆林地区属鄂尔多斯油田，地下富含石油天然气，古代就有发现，今归中国石油长庆油田公司开采。《汉书·郊祀志》载汉宣帝神爵元年（前61年）"祠天封苑火井祠于鸿门"。鸿门的位置很重要，不仅关系到中国油气井的发现史，也关系到汉代的祠畤分布。《水经注》卷三《河水三》："圜水又东，迳鸿门县，县故鸿门亭。《地理风俗记》：'圜阴县西五十里有鸿门亭、天封苑火井庙，火从地中出。'"《地理风俗记》是东汉应劭作，他明确提到鸿门亭的位置在圜阴县西五十里。旧说鸿门在神木西南，是误以圜水为秃尾河。现在，既然我们已经知道，圜阴在横山党岔镇，则以道里计，鸿门的位置大约在今白界、响水一带。鸿门是"肤施五县"的第二县。

蔺：秦县，在山西柳林北。

【案】蔺，初为赵邑，赵武灵王时，秦夺之。《战国策》、《史记》多次提到

---

[1] 上引吴镇烽文，68—69页。
[2]《殷周金文集成》，第八册，11465—11467。
[3] 陶正刚《山西屯留出土一件"平周戈"》，《文物》1987年8期，第61—62页；河南省文物研究所《河南登封八方村出土五件铜戈》，《华夏考古》1991年3期，第29—32页；邹宝库《释辽阳出土的一件秦戈铭文》，《考古》1992年8期，第757页。
[4] 汉无"平定"年号，疑文有误，"受"字可能是"造"字之误。

离石、蔺,可见与离石比邻。辽宁省博物馆藏十一年閵令赵狘矛,[1]三晋货币有閵布,閵即蔺。蔺是"离石五县"的第四县。

宣武:今地待考,疑在鄂尔多斯地区。后汉省。班固注:"莽曰讨貉。"

【案】"宣武"是耀武扬威,"讨貉"是征讨戎胡,必在边塞之地。

千章:可能在内蒙古杭锦旗东南阿门其日格乡一带。今本"千章"是"干章"之误。后汉省。

【案】1976年内蒙古杭锦旗阿门其日格公社(今阿门其日格乡)军图大队七小队出土过一件汉干章铜漏,[2]壶身铭文作"干章铜漏一,重卅二斤,和平二年四月造",梁上铭文作"中阳铜漏",壶底铭文作"干章",简报据《汉书·地理志》,把铭文"干章"释为"千章"。陈雍纠其谬,指出释文"千章"实为"干章"之误,《汉书·地理志》反而错误,应据铭文订正。[3]

增山:旧说在内蒙古鄂尔多斯市东胜区西北。后汉省。班固注:"有道西出眩雷塞,北部都尉治。"

【案】上郡增山,乃肤施别名。西河郡有另一增山,可能是借用其名。此县是西河郡北部都尉的治所,有道西出,通眩雷塞。眩雷塞是障塞名。今东胜西有汉城遗址三:元圪旦城址(在罕台乡)、寨子梁城址(在漫赖乡)和莫日古庆城址(在漫赖乡),规模都比较小。莫日古庆城址最大,也只有300米×150米。

圜阳:秦县,疑在绥德四十里铺一带。

【案】圜阳,原作圁阳,初为魏邑,秦夺之,设置在圁阴前。三晋货币有音易布,音易即圁阳。[4]"圜阳"见下引广衍矛(见广衍县),[5]铭文原释"□阳。广衍,

---

[1]《殷周金文集成》,第八册,11561。
[2] 伊克昭盟文物工作站《内蒙古伊克昭盟发现西汉铜漏》,《考古》1978年5期,第317转371页;《殷周金文集成》,第八册,11404。
[3] 陈雍《"干章铜漏"辨正》,《北方文物》1994年3期,第126页。
[4] 参看裘锡圭《战国货币考(十二篇)》第十篇,收入《裘锡圭学术文集》,复旦大学出版社,2012年,第3卷,第221—222页。
[5] 崔璿《秦汉广衍故城及其附近的墓葬》,《文物》1977年5期,第25—37页;《殷周金文集成》,第八册,11509。

圜阳，乌日图高勒古城出土广衍矛

西河圜阳，见绥德四十里铺汉画像石墓铭文

上武"，第一字缺释，今从照片辨认，明显从口，方围中的笔画，似为言字，而非罖字。"上武"是"上郡武库"的省称。"广衍"即下广衍县。可见秦的上郡已有这个县。圜阳在圜水东。水之北或水之东曰阳。榆林地区出土汉画像石，以绥德最多；而绥德，以四十里铺最多。今绥德县在无定河西岸，四十里铺在县城北，正在无定河东岸。其榜题多见"西河圜阳"字样，可见圜阳就在这一带。圜阳是"肤施五县"的第五县。

广衍：即内蒙古准格尔旗的乌日图高勒古城。

【案】广、衍互训，都有"大"义。城在准格尔旗乌日图高勒乡川掌村，位于𬨎牛川上。遗址残存东、北墙，东墙残长390米，北墙残长87米。𬨎牛川是窟野河的支流。该城附近出土过三件带"广衍"铭文的器物：上塔墓地出土过秦十二年上郡守寿戈和广衍矛（戈、矛相配，可能是一套），八垧梁—壕赖梁墓地出土过一件陶壶。[1] 上引中阳戈（见中阳县）也有这个地名。

武车：今地待考。后汉省。班固注："莽曰桓车。"

【案】"武车"见《礼记·曲礼上》："兵车不式，武车绥旌，德车结旌。"孔颖达疏："武车亦革路也。取其建兵刃即云兵车，取其威猛即云武车也。""桓车"，古人常以"桓桓"形容武士的威猛。《诗·周颂》有《桓》篇，序云："《桓》，讲武类祃也。《桓》，武志也。"此地可能是车师驻屯处。

---

[1] 崔璿《秦汉广衍故城及其附近的墓葬》，图版叁，1、3—5；《殷周金文集成》，第七册，11404、第八册，11509。

虎猛：即内蒙古伊金霍洛旗的红庆河古城。后汉省。班固注："西部都尉治。"

【案】虎猛见《汉书·匈奴传》。西河郡有西部都尉，治所在虎猛，虎猛有制房塞。此城较小（136米×130米）。

离石：秦县，在山西吕梁市离石区。

【案】三晋货币有离石布。离石屡见《战国策》《史记》，常与蔺并提。二邑初为赵县，赵肃侯时，秦夺之。离石在古代很重要。《水经》讲黄河山陕段，先讲圁阳，后讲离石。圁阳即绥德，在黄河西岸。河对岸有"离石五县"。五县之中，离石最重要。东汉永和五年（140年），西河郡就是搬到这里。离石是"离石五县"的第一县。

谷罗：旧说在内蒙古准格尔旗境内：一说在准格尔旗西南，一说在准格尔旗纳林乡，疑即该旗的榆树壕古城。后汉省。班固注："武泽在西北。"

【案】东汉，谷罗省，并入美稷。美稷古城在准格尔旗西南纳林乡，谷罗不可能在纳林乡，而应在它附近。榆树壕古城在准格尔旗暖水乡榆树壕村，位于准格尔旗与达拉特旗交界处（有秦长城从这里穿过），与美稷古城相距不远（大约只有30公里）。此城规模较大（500米×400米），疑即汉谷罗城。武泽，本作虎泽。唐代避讳，改成武泽。虎泽是湖泊名，在内蒙古达拉特旗东南，正好在此城西北。

饶：今地待考。后汉省。班固注："莽曰饶衍。"

【案】饶、衍互训，词义相近。"饶"见上引中阳矛（见中阳县）。

方利：今地待考。后汉省。班固注："莽曰广德。"

隰成：秦县，在山西柳林，对岸是陕西吴堡。后汉省。班固注："莽曰慈平亭。"

【案】隰成即隰城，初为赵县，秦夺之。《续汉书·郡国志》作"隰城"。隰者低湿，乃近河之地。成同城，战国文字往往把城写成成。隰成在柳林西，离黄河最近。莽改"慈云亭"，可能是用离河最近的渡口作县名。三晋货币有隰成布，隰字省去阜旁。秦兵器则作"湿成"，如上引平都矛（见平都县）有四个地名，其中第二作"湿成"，就是这里的隰成。秦汉隰城是沿用赵县隰城，与郑县隰城（见

《左传》《国语》）无关。隰成是"离石五县"的第四县。

临水：秦县，在山西临县，对岸是陕西佳县。后汉省。班固注："莽曰（坚）〔监〕水。"

【案】临水即古临县，以其近河，故称"临水"。莽改"临水"为"监水"，临与坚、监为通假字。"监水"可读"鉴水"。此县初为赵县，秦夺之。它与隰成类似，也是山陕间的要津。临水在"离石五县"北。

土军：秦县，在山西石楼，对岸是陕西清涧，隋以来始称石楼。后汉省。

【案】出土铜器有土匀鉼（1974年山西省太原市太原电解厂拣选），铭文作"土匀，容三斗鉼"。[1] 三晋货币有土匀布。土匀即土军，初为赵县，秦夺之。土军在"离石五县"南。

西都：秦县，估计在山西中阳附近。后汉省。班固注："莽曰五原亭。"

【案】西都初为赵县，秦夺之。《史记·赵世家》："（赵武灵王）十年，秦取我西都及中阳"（《秦本纪》、《六国年表》作"中都"、"西阳"，是错写），"西都"与"中阳"并提，可见两者比邻。三晋货币有西都布。"西都"也见秦兵器，如元年郚令戈。[2] 上引十五年上郡守寿戈（见中阳县），"西都"亦与"中阳"并见。

平陆：秦县，疑在离石东。

【案】上引十二年上郡守寿戈（见广衍县）有"平陆"。平陆疑即平陵。平陵也叫大陵、大陆，初为晋邑，后为赵县，原在今山西文水、交城一带。汉平陆县属西河郡，可能偏西，疑在离石东。[3]

阴山：在陕西宜川，对岸是山西吉县。后汉省。班固注："莽曰山宁。"

【案】吉县，古名北屈。黄河两岸各有一壶口镇。著名的壶口瀑布就在这一带。

觟是：今地待考。后汉省。班固注："莽曰伏觟。"

---

[1] 胡振祺《太原拣选到土匀鉼》，《文物》1981年8期，第88页。《殷周金文集成》，第六册，9977。

[2]《殷周金文集成》，第七册，11360。

[3] 齐地也有平陆，如《殷周金文集成》第七册：10925、10926的平陆戈和11056的平陆左戟就是齐兵器。

【案】"鯢是"可读"鯢氏"。

博陵：今地待考。后汉省。班固注："莽曰助桓。"

【案】上引高望矛（见高望县），除"高望"，还刻"博"字。后面这个字，可能就是博陵的省称。

盐官：或在吴堡。后汉省。

【案】富昌设有盐官。这个盐官可能是另一盐官。西河郡，繁华地区分布在圜阳—离石道。吴堡李家塬出土过西河太守盐官掾贾孝卿墓画像石。[1] 疑此盐官或在吴堡。

五、小结

上述36县，似可分为两区。[2]

（一）黄河内蒙古段南部（在内蒙古鄂尔多斯地区北部，地处上郡北，是汉胡争夺区，多障塞）

1. 准格尔旗：美稷、广衍、谷罗、富昌（富昌在准格尔旗东南界外）。
2. 鄂尔多斯市东胜区：增山。
3. 伊金霍洛旗：虎猛。
4. 杭锦旗：平定、大成、干章。
5. 估计在此范围内：驺虞、鹄泽、乐街、宣武、武车。

（二）黄河山陕段两岸（西岸属陕西榆林地区，东岸属山西吕梁地区，地处上郡东，前身是秦赵争夺区）[3]

---

[1] 李林等《陕北汉代画像石》，西安：陕西人民出版社，1995年，第220页：645。
[2] 这36县，有7县见于张家山汉简《二年律令》的《金布律·秩律》。它们是：圜阳、平陆、饶、平周、西都、中阳、广衍。参看张家山二四七号汉墓竹简整理小组编《张家山汉墓竹简（二四七号墓）》，第192—203页。
[3] 但汉西河阴山县，属陕西延安地区。

1．黄河西岸，陕西佳县：圜阴。对岸，山西临县：临水。

2．黄河西岸，陕西横山：鸿门、圜阴；米脂：平周；绥德：圜阳、盐官。对岸，山西离石：离石、蔺、皋狼；柳林：隰成；中阳：中阳、西都。平陆可能在"离石五县"附近。

3．黄河西岸，陕西清涧：圜阳。对岸，山西石楼：土军。

4．黄河西岸，陕西宜川：阴山。对岸，山西吉县：北屈。

5．估计在此范围内：觬是、博陵。

(三) 其他

徒经、广田、益阑、饶、方利。

这36县，圜阳很重要，可惜至今没有找到相应的城址。

2013年9月1日写于北京蓝旗营寓所

鞣椑榹

鞣椑榹底部的铭文

雍州日记

上学期讲《禹贡》，忽然对雍州备感兴趣。九州，螺旋排列，始于冀而终于雍。雍州西界在黑水、三危，北界在弱水、流沙，在九州中是最西最北的一州。黑水是哪条水？三危是哪座山？从甘肃到陕西怎么走？周、秦、戎是什么关系？早就想实地考察一下。徐天进（北大考古文博学院中国考古学研究中心主任）邀我参加他组织的中英联合丝绸之路考察团，起点敦煌，终点宝鸡，正好。

8月21日，晴。

天进给我的名单共22人：牛津大学八人，北京大学七人，人民大学一人，陕西考古研究院二人，宁夏文物考古所一人，甘肃文物考古所三人，考察日程为15天。

北京飞敦煌，只有早6:40一班。4:00，任超来接。5:00到T3，黎海超（徐天进的博士生）、张弛（北大考古文博学院副院长）和罗森（Jessica Rawson，牛津大学副校长）一行先后到。罗森送新作一篇。9:50到敦煌，陈建立（北大考古文博学院教授）来接。

从机场去市里，顺道看佛爷庙墓群。两座魏晋墓，一座原地保存，一座自外迁来,都是用彩绘的画像砖券砌。这种墓在河西走廊很流行。

这是一大片戈壁滩,不仅埋古人,也埋今人,寂寥空阔。古墓,坟丘四周起垄,围成茔圈,风沙磨砺,仍然留有痕迹。今墓,也有茔圈,与古墓相似,但坟头包砖,一圈一圈,整整齐齐,前面有墓碑,后面有围屏。张弛说,内地人想永垂不朽的,不妨埋这里,法老待遇——木乃伊。

远山朦胧,我问当地人,这是何山,答曰三危山。原来这就是《禹贡》中的三危山。

宿太阳国际大酒店。

2:30,看敦煌市博物馆。看完博物馆,买书。我提议看党河。党河在城西,用橡皮坝拦蓄,水面宽阔。中国县市多如此。原来这就是《禹贡》中的雍州黑水(梁州也有黑水)。

回宾馆,时间还早,逛集市,看土特产:肉苁蓉、锁阳、鸣山大枣、李广杏。这里有戈壁玛瑙,都是小块,最小一种,酷似葡萄干,号称葡萄干玛瑙。罗森买玛瑙,她对奇石美玉有特殊爱好。

晚饭,驴肉、黄面、啤酒。罗森考察,兴趣在中国考古的外部环境,最后落实在中西异同,他们在饭桌上热烈讨论。我埋头吃饭,Chris Gosden(牛津大学考古所所长)忽然向我发问,曰中西异同何在,予率尔对,中国传统是一政府而多宗教,欧洲传统是一宗教而多政府,他大呼perfect,说我的归纳最精辟。

[备课]

雍州,地跨陕、甘、宁三省,但不包括陕南山区。陕南山区属于梁州,古人一向把它跟巴蜀视为一区。陕、甘、宁三省,甘肃、宁夏是头,陕西是尾。陕西五条大河,汧、渭的源头在甘肃,泾河的源头在宁夏,洛河的源头在陕北,河出青海,经甘肃、宁夏、内蒙古,与渭水相汇,古人以为河出积石,积石山也在甘肃。陕西的关中平原,即八百里秦川,主要

三危山

党河

是渭河流域。汧渭之会在宝鸡，泾渭之会在咸阳、西安，洛渭之会在华阴，河渭之会在潼关。

甘肃，元代立省，省名是合甘州（张掖）、肃州（酒泉）而称之。甘肃的简称是陇。陇是陇山，宁夏段叫六盘山。古人以面南背北定左右，左为东，右为西。陇山是陕、甘、宁三省的分界线，甘肃在陇山以西，为陇右，陕西在陇山以东，为陇左。古人说的关陇，关是关中，陇是甘肃。

甘肃省的省会在兰州。黄河从青海发源，七拐八绕，穿兰州北上，往宁夏、内蒙流。黄河以西，汉设敦煌、酒泉、张掖、武威四郡，称河西四郡。敦煌、酒泉二郡相当今酒泉市（包嘉峪关市），张掖郡相当今张掖、金昌二市，武威郡相当今武威市。武威市以东，可分四大块。陇中是白银、兰州、临夏、定西、天水五市，秦设陇西郡，西汉分属金城、天水、陇西三郡。陇东是庆阳、平凉二市，秦属北地郡，西汉分属北地、安定二郡，与陕北、宁夏为一区。陇南挨着陕西、四川，秦为白马氐羌所居，西汉设武都郡。甘南，挨着四川、青海，有一部分曾属西汉金城郡、陇西郡，现在是藏族自治州。

看地图，甘肃省的形状好像一根骨头棒，两头大，中间细。酒泉市（包嘉峪关市）是一个大头，在西北；兰州、定西、天水三市及其两侧是一个大头，在东南；张掖、金昌、武威三市夹中间，连接两头。三个地区，三种气候，三种环境。地理学家以乌鞘岭为界，把乌鞘岭以西称为河西走廊。

甘肃的山，河西走廊，两边是山，中间是路。马鬃山（也叫北山）在肃北北部，合黎山在高台、临泽、张掖，龙首山在山丹，这是北边的山。南边的山，阿尔金山在阿克塞，属昆仑山脉，东面是祁连山脉。祁连山脉分三段。鹰咀山、野马山、野马南山、党河南山在肃北南部，为第一段。托来山、托来南山、走廊南山、冷龙岭在肃南，为第二段。乌鞘岭（冷龙岭支脉）在天祝，为第三段。祁连山以东，东有陇山、秦岭，南有阿尼玛卿山、迭山。合黎山见《禹贡》，其最高峰在东头，现在叫东大山。阿尼玛卿山是藏族的神山，《禹贡》叫积石山。此外，《禹贡》还提到三危山和朱圉山。朱圉山在甘谷。三危山，地图多标在莫高窟附近，好像一座孤零零的山，其实不然，这是很长的一道山。

甘肃的河，乌鞘岭以西，肃北南部和玉门、瓜州有疏勒河，肃北南部和敦煌有党河，阿克塞有大小哈勒腾河，肃南、嘉峪关、酒泉、金塔有北大河，张掖、临泽、高台、金塔有黑河。这些河都发源于祁连山南麓，从南往北流，或从东南往西北流，属于内陆河，跟四渎的流向相反。北大河，青海上游段叫托来河。黑河，金塔—额济纳段叫弱水。民勤县的石羊河是黑河的支流。乌鞘岭以东，西有黄河和黄河的支流洮河、夏河，东有泾河、渭河，南有嘉陵江和嘉陵江的支流西汉水和白龙江。党河即《禹贡》黑水。黑河即《禹贡》弱水。西汉水即《禹贡》的潜水，白龙江即《禹贡》的桓水。《禹贡》以为河出积石，渭出鸟鼠。积石山即阿尼玛卿山，在甘南。鸟鼠山在渭源县。

甘肃的湖，阿克塞有大小苏干湖，是大小哈拉腾河所汇。民勤县有青土湖，是石羊河所汇（已经干涸）。青土湖即《禹贡》猪野泽。

甘肃的路，东西方向的通衢大道是两关七州连成一条线：敦煌（沙州）—瓜州—玉门（玉门关）—嘉峪关—酒泉（肃州）—张掖（甘州）—武威（凉州）—兰州—天水（秦州）。甘肃去新疆两条道：一条出玉门关，走柳园—星星峡—哈密（汉伊吾），沿天山（北山）南麓和北麓走；一条出阳关，经罗布泊，沿昆仑山（南山）北麓走。甘肃去陕西，要从清水、张家川，翻陇山，沿千河（即汧水）走。甘肃去内蒙古两条道，一条沿额济纳河走，一条沿黄河走。甘肃去青海两条道，一条走阿克塞，一条走兰州。甘肃去四川，要先到宝鸡或汉中，再从陈仓道或褒斜道走。

近出《丝绸之路——中国—波斯文化交流史》（〔法〕阿里·玛札海里著，耿昇译）有《沙哈鲁遣使中国记》，述明永乐年间波斯使团来中国，

雍州日记　237

正好提到从新疆经甘肃、陕西到北京的沿途见闻。

8月22日，晴。

上午，乘车去敦煌研究院，见樊锦诗院长，参观莫高窟。时间有限，樊院长替我们挑了一些窟，让我们分中英两组分别参观。驱车南行，至莫高窟。停车场在大泉河东岸，莫高窟在大泉河西岸。莫高窟一侧，山上有塔。停车场东面是三危山，山上有亭。莫高窟，年代最早的中心柱窟与山西造像塔相似。壁画，人脸发黑处，经专家检测，其实是用一种含砷的颜料，年久颜色发生变化。特意看323窟《张骞出使西域图》中的祭天金人。参观途中，徐天进到。来时没注意，归途才发现，三危山一直在右手，很长。这是第二次见三危山。

中午，樊院长请饭，合影留念。

下午，参观保护研究所。焦南峰（陕西考古院前院长）到。下一个节目是Chris Gosden和Mark Pollard（牛津考古实验所所长）做报告。Gosden提到我在饭桌上的话。报告后，乘车去数字化展示中心，看敦煌影片二，各20分钟，出品人是樊院长。罗森说，第二个片子比第一个好。

饭后，再逛夜市，跟徐天进、焦南峰、张弛看几家古董店。

王子今（人大历史学院教授）不能来。

[备课]

现在，我们的位置是在甘肃省酒泉市下的敦煌市，河西走廊的最西头。地貌以戈壁、沙漠为主，绿洲只是几个点，比较荒凉。

甘肃是丝绸之路的交通要冲，北有蒙古高原，南有青藏高原，西有新疆，东有周秦汉唐的中心陕西省。自古以来，有无数民族，从各个方向穿行于此，你来我往，互为主客。历史上，氐羌、西戎、乌孙、月氏、匈奴、突厥，以及五凉、西夏、蒙元、满清，都在这片土地上留下了他们的历史痕迹，现在也是汉、藏、蒙、回、哈、东乡、裕固、保安、撒拉等族共同的家园。人是最重要的历史遗产。

甘肃省的民族分布特点是汉族占大路，少数民族占两厢。酒泉市，地广人稀，三市四县加一块，面积为19.2万平方公里，相当英伦三岛的70%，但人口只有109万。敦煌—瓜州—玉门—嘉峪关（不属酒泉）—酒泉一线是汉族聚居区，南北两边是少数民族聚居区。前者是农区，后者是牧区。整个酒泉市，土地面积，肃北最大，阿克塞其次，两县加一块儿，占酒泉市的一半以上，但前者只有1.3万人，后者只有1万人。

肃北是蒙古族自治县，蒙古族只有5000人，属西部蒙古的和硕特部和土尔扈特部，明代叫瓦剌，清代叫厄鲁特，西人叫卡尔梅克人。肃北，顾名思义，应在肃州以北，也就是酒泉市的东南部，但它分两大块，一块在敦煌、瓜州、玉门以北，一块在敦煌、瓜州、玉门以南，县城（党城湾镇）反而在肃北南部。党城是党河所经。

阿克塞是哈萨克族自治县，哈萨克族是1936—1939年从新疆迁来，只有4000人。那里有两山两水两大湖，风景极好，我很想到那里看看，但日程表上没有这个县。阿尔金山和祁连山之间的山口，叫当金山口。当金一词，可能与党河有关。党河是蒙语党金格勒（格勒即河）的省称。穿越这个山口，翻越赛什腾山，是去青海格尔木、德令哈的路。

8月23日，晴。

上午，看汉长城、小方盘城、大方盘城。一路看到的远山是阿尔金山。阿尔金山比三危山高大，山顶覆盖白雪。

汉长城是汉武帝长城。遗址景区只选其中一小段。墙体用沙土夹红柳、胡杨、芦苇、罗布麻，一层层夯筑，很矮很薄，好像农村的院墙。其

小方盘城遗址

西头有当谷燧遗址,夯层很厚,北面的洋水海子已干涸见底,只剩盐碱底子,白花花一片,南面有积薪若干堆,地面也有盐碱。景区入口处有小屋,可供休息。买书,吃瓜。

小方盘城在上述景区的东南,很近。障屋四四方方,有西、北二门。周围有若干风化台地,北面可见若干小湖和水洼。景区有商店和展厅。展厅有《敦煌汉长城分布示意图》,从图上看,汉长城呈丁字形,横墙沿疏勒河南岸夯筑,纵墙穿小方盘城,南接阳关。小方盘城在汉长城内,位置在横墙和纵墙交叉点的南面,前面有很多湖泊,大方盘城在横墙和纵墙交叉点的东面。

大方盘城,位置在小方盘城东北,前临疏勒河,比小方盘城大得多,也高得多。此城也叫河仓城,据说是放粮草。粮草是顺疏勒河漕运而至?

中午,驱车到阳关遗址附近的龙勒村,旁边是阳关葡萄观光园。阳关

大方盘城遗址

阳关遗址

属汉龙勒县，龙勒县治寿昌城。公路两旁皆葡萄架，我们在葡萄架下吃饭，葡萄很甜。

阳关遗址在村南的古董滩上。古董滩经常出古物，故名。景区有个新修的城，城里有个博物馆，没看。坐电瓶车去遗址，首先看见的是个烽燧墩台。墩台高高在上，很美。墩台南有廊、亭各一，供人凭吊。远山是阿尔金山，眼前空无一物，只有廊前立石，写着"阳关故址"，供游人照相。

阳关遗址东有汉寿昌城遗址，东南有渥洼池，即所谓汉武帝得天马处，来不及去。

归途，提议看党河水库。我第一个登上大坝，库中蓄水甚少，近于干涸。敦煌有"引哈济党"工程，"哈"是阿克塞县的大小哈勒腾河，"党"是党河，不知何时完工。

返回市里，接罗丰（宁夏文物考古所所长），前往瓜州。高速路分两条道，右手有一道黑山，绵延不绝，一直到瓜州。这是第三次见三危山。

晚宿睿辰宾馆。

[备课]

疏勒河，汉代叫籍端水。历史上，疏勒河曾流入罗布泊（汉称盐泽，唐称蒲昌海），后世退缩。

党河，汉代叫氐置水，前凉叫甘泉水。氐置水，疑与驿道有关。氐是氐羌之氐，置是邮驿（相当后世递铺），氐置可能在青海西部进入甘肃的通道上，或与肃北的党城有关，或与阿克塞的当金山口有关。历史上，此水曾流入疏勒河，后世退缩。《禹贡》说雍州黑水入于南海，南海是什么湖？众说纷纭。有人说是罗布泊，有人说是哈拉淖尔（蒙语"黑湖"，与青海哈拉湖同名），有人说是苏干湖。罗布泊或哈拉淖尔在疏勒河远端，位于党河东；大小苏干湖在党河南，与党河并不相连。问题还值得进一步研究。

三危山，上网看地图，是祁连山的西段，从敦煌到瓜州，很长，其北

锁阳城

麓如刀切,笔直笔直,遮在最前面,后面是肃北南部的四道山,莫高窟恰好位于它的西端。

8月24日,晴。

早饭分别吃,吃兰州拉面。

上午,看兔葫芦遗址。据说中午没地方吃饭,因而在街上买了饼子、水果。出县城,沿疏勒河北岸,一直往东走,车过双塔水库,折而南,至双塔村下车。遗址在双塔村西南。这里很荒凉,到处是沙丘。发掘者陈国科(甘肃省文物考古研究所业务办公室主任)拿着GPS定位仪,带着大家找遗址。大家在毒日头下满地乱转,寻找陶片、石器、金属残件,走了很远。我把长袖脱了,皮服晒得生疼。兔葫芦是什么意思?新疆也有这类地

塔尔寺

名,如伊吾县有吐葫芦,或说吐火罗之讹。

中午,在双塔村吃饼子、葡萄。

下午,去锁阳城。城在县城东南。景区入口处在遗址北,一进景区,到处都是锁阳。我们在敦煌看过的锁阳是这种植物的根茎。

此城分内外城,外城包内城。外城西北有一堡子。坐电瓶车,穿外城,沿内城西侧转到内城西南角,登观景台,眺望全城。内城有瓮城四、马面若干,西北角立角墩,城中有一道南北隔墙,把内城分为东西两部分。然后去塔尔寺。寺在城外,东北方向。

傍晚,回到城里,看瓜州县博物馆。博物馆有两个展室,东西很少,兔葫芦遗址的东西有一点儿,其他比较晚。

晚饭,文物局李宏伟局长请客,有羊肉、甜瓜。瓜分青白二色,青色的叫西州蜜,白色的叫银地白。瓜州吃瓜,很有纪念意义。天进说,这是最好吃的一顿饭。

睿辰宾馆太新,有装修味,罗丰和我换住榆林宾馆。焦南峰说,他可以陪我们。榆林宾馆有新旧两家,旧的三星,新的四星,我们住旧的。

[备课]

西州蜜25号是新疆维吾尔自治区瓜果开发研究中心开发。中心在鄯善县,属吐鲁番地区。吐鲁番,古称西州。银地白则是白兰瓜,1944年由美国副总统华莱士从美国引进,故亦名华莱士。

瓜州本指敦煌。《左传》说,瓜州有姜姓之戎(也叫姜戎)、允姓之戎(也叫陆浑戎、阴戎),杜预注说,"瓜州,今燉煌"。我们在的这个县,唐以来才叫瓜州。唐瓜州郡,不在敦煌,而在汉冥安县、西晋晋昌县,即刚才去过的锁阳城。今县,城在渊泉镇,是汉渊泉县所在。瓜州是唐代旧称,清以来一直叫安西,2006年才改回,仍叫瓜州。《左传》中的姜姓之戎是落脚于山西,允姓之戎是落脚于河南,离这里非常远。顾颉刚怀疑,他们不可能从敦煌迁来,路太远,恐怕来自秦岭山区(《史林杂识·瓜州》)。他说,瓜州之瓜,与我们吃的蜜瓜无关,意思是陕西、四川人说的瓜,即傻瓜。很多人给他提供消息,说秦岭山区有当地称为"瓜人"者,呆傻矮小,让他兴奋不已。总之,经他考证,瓜州就是傻瓜州。此说过于离奇,学者不之信。瓜州位于河西走廊的通衢大道,唐设玉门关。唐玉门关在双塔堡,已经淹在双塔水库里。锁阳城在其西南。

8月25日,晴。

上午,去马鬃山玉矿遗址。一路上,偶见牛羊,几乎看不到人。遗址在肃北北部马鬃山镇西北20公里,三普发现,四次发掘。肃北北部与外蒙接界,是甘肃唯一设有边境口岸的地方。过银凹峡边防站,办手续花了不少时间。肃北北部那么大,除马鬃山镇,居然只有一个明水镇,在甘肃与新疆的边界上。

中午,在镇上吃饭,敬酒,一轮一轮,花了不少时间。韩县长特意从肃北南部,驱车400多公里,远道赶来。明镇长是蒙古族,晚一点儿到,又是一个轮回。上厕所回来,蒙古族姑娘在唱歌,唱的是"虽然不能用母语来诉说"(《父亲的草原,母亲的河》),但她们会说蒙语。我向她们请教附近的山水名。她们说,疏勒河是"高地的河",党河的党是"党金洪太吉"的省称,"党金洪太吉"即党金皇太极,党金是人名,阿尔金山是"后面的山",苏干湖是"红柳湖",哈勒腾河是"黑河"。上网查一下,疏勒非蒙古语,乃突厥语"有水",阿尔金山是蒙语"长柏树的山"。

下午,韩县长、明镇长带电视台的人陪同,前往遗址。这里坑坑洼洼,到处是矿坑和石料堆,探方盖着塑料布,被风吹得破破烂烂。昨天,这里下过一场雨,非常难得,据说还有冰雹。

晚上,赶到玉门,与王辉(甘肃文物考古所所长)、吴小红(北大考古文博学院副院长)会合。会议在阳光酒店开,我们的人分住两处,国人住新盖的阳光酒店,外宾住老旧的玉门宾馆,在另一处。我已入住阳光酒店,房间不够,被换到玉门宾馆。他们说我是外宾待遇。

8月26日,晴。

全天开会:火烧沟与玉门历史文化国际学术研讨会。会议室在楼上,电梯经常坏。

王辉介绍甘肃考古概况,罗森讲中国考古的外来背景,吴小红讲火烧沟年代,陈建立讲火烧沟金属,陈国科讲西城驿遗址,焦南峰讲秦十大王陵区。火烧沟遗址的年代,吴小红给出的四组数据是:3730—3630年,3630—3650年,3550—3530年,3530—3400年。刘常生论古玉门关在玉门市赤金峡,西北大学李并成驳之,认为最早的玉门关不在玉门市,而在嘉峪关市石关峡,石关峡既是宋玉门关所在,也是最早的玉门关所在,说刘不讲学术规范,未引他的《石关峡:最早的玉门关与最晚的玉门关》(2005年)。

记者采访,请老同学王仁湘代劳。

聊天中,罗森概括,说中国文化有四大特点:一是规模大;二是大规模重复制作,分工系统复杂;三是文字系统发达,官僚化管理发达;四是重礼仪,礼仪与西方理解的宗教不完全一样。她与雷德侯合作。雷德侯的《万物》就是讲第二点。

[备课]

玉门关,其名与汉输玉石有关。古玉门关指敦煌玉门关以前的玉门关,即年代最早的玉门关。这个玉门关在哪里,其说有二,一说在玉门市赤金峡,一说在嘉峪关石关峡。玉门人希望在玉门,嘉峪关人希望在嘉峪关。刘常生是玉门人,他主第二说,这是旧说,很多学者都持此说(如王国维)。李并成说是新说,在他之前已有人讨论,如潘俊生、潘竟虎《汉玉石障地理位置及玉门关变迁考》(2004年)。《变迁考》认为,汉玉门关最初在石关峡,关在嘉峪关北黑山上(黑山也叫玉石山),城在明长城外,与明长城平行,即所谓玉石障。太初二年(前103年)后,玉门关迁敦煌,这是第二个玉门关。小方盘城,其实是东汉玉门关的阴关,阳关在其南,是玉门关的阳关。唐玉门关在瓜州双塔堡,这是第三个玉门关。李并成说,宋代也有玉门关,他不同意。古玉门关到底在哪里,还需要有更多的考古证据,但学者推测,玉门关最初在东面,后来向西扩张,才推进到敦煌,唐以来内缩,先缩到瓜州,后缩到今玉门市或嘉峪关市,这个大趋势还是合乎情理。

8月27日，晴。

上午，看古董滩遗址、砂锅梁遗址、火烧沟遗址。

古董滩遗址在花海镇西北小康村附近，有春秋战国时期的古城残墙。

砂锅梁遗址在小金湾乡附近，是个四坝文化和骟马类型的遗址。小金湾乡有清真寺，居民戴小白帽，初以为回民，原来是东乡族。

火烧沟遗址在清泉乡312国道旁，遗址是因盖学校而发现，现在校舍空空，只有后院住着文保所的人。

中午，在清泉镇吃羊肉。昨天，王辉推荐，果然很好，羊肉又嫩又烂。本来，打算全天在外看遗址，忽然接通知，大家务必赶回宾馆，参加闭幕式，并安排了罗森讲话。罗森不太高兴。我劝她说，市里很重视，这个面子还是要给的。她说她懂，只是不习惯随便更改计划。车回宾馆，到处都是鲜花，到处都是标语，连街上的出租车，顶灯都滚动着欢迎这次大会的标语。

下午，3:30—4:30回宾馆休息。5:00上会，参加闭幕式。牛津女士都精心打扮，盛装出现。李并成发言，慷慨激昂，为把玉门打造成中国的石油储备基地献计献策。王辉发言，作会议总结。罗森发言，表示感谢。

[备课]

甘肃的少数民族，来自三个方向：南边的青海、四川，西边的新疆、中亚，北边的蒙古高原和西伯利亚，族源复杂，种类繁多。历史上，乌孙、月氏、匈奴都曾占据河西走廊，但月氏赶走乌孙，匈奴赶走月氏，汉族赶走匈奴，他们只是匆匆过客。氐羌系各族不同，从先秦的西戎，到唐代的吐蕃，到宋代的西夏，到现代的藏族、羌族，对甘肃一直影响很大。现代甘肃的少数民族多与元朝统治下的民族融合有关。如蒙族、藏族、土族、裕固族都信喇嘛教，但蒙族说蒙语，藏族说藏语，土族语属蒙古语族，西部裕固语属突厥语族，东部裕固语属蒙古语族；回族、东乡族、保安族、撒拉族都信伊斯兰教，但回族说汉语，东乡族、保安族说蒙语，撒拉语属突厥语族。

中国古代的族经常是小族依附大族，古人叫归化。汉晋官印多氐、羌、匈奴各部率善归义印就是很好的见证。历史上的大族，如匈奴、蒙古、鲜卑、突厥，都是笼统的名称，经常是一族之名下，混杂着许多不同的族群、体质、语言、宗教、文化，情况很复杂。看看现代的情况，就能明白古代的道理。

8月28日，晴。

上午，看嘉峪关。明长城，嘉峪关是头，山海关是尾。山海关，旅游非常热闹，这里也很红火，有杂技表演、空中滑翔和骑骆驼。

中午，在市里吃饭。饮食不习惯，罗森病。她说，西方人不习惯中国的汤汤水水，中国的三足炊器就是为了汤汤水水。她想吃面包、饼干、咖啡、酸奶。

下午，去果园—新城墓群，看魏晋墓二。墓群在嘉峪关市东北。

然后，去酒泉市肃州区，看酒泉市博物馆。先到一处，仿古建筑，占地甚广，以为酒泉市博物馆，进门一问，是个私人博物馆，叫丝绸之路博物馆，没看。进入市区，找真正的酒泉市博物馆，原来新馆还在施工，只有部分文物在酒泉图书馆。酒泉图书馆，文物在二楼陈列，多为魏晋墓所出，并有宋代投壶和肃州城模型。

然后，去高台县，看高台县博物馆。展品多为骆驼城所出，有魏晋铭旌和魏晋帛书。帛书字很小，长篇大论，据说与《论语》有关，光线昏暗，未能细看。中国工农红军西路军纪念馆在高台县，未能看。

然后，去张掖市甘州区，看西城驿遗址。遗址在张掖市西北明永乡下崖村西北，位于黑河西岸，年代为马厂晚期到四坝早期，距今4100—3600

年。2010年以来，一直在发掘。遗址有两个名，令人疑惑。傍晚在考古工作站吃瓜。夜行，进张掖市，宿国防宾馆。装修气味大，开窗而睡。

[备课]

　　西城驿遗址，保护标志作黑水国遗址。黑水国是当地俗称，以遗址东侧的黑水而名，据说是乌孙国都城，后被匈奴占领，汉武帝夺之，设觻得县，为张掖郡治所，当地人也叫老甘州。遗址有南北二城，据说北城筑于汉，南城筑于唐，唐叫巩笔驿，元叫西城驿，明叫小沙河驿。

8月29日，上午雨，下午晴。

　　5:00起，房间里有一本《解读甘肃》，作者陶明，翻了一遍。

　　上午，雨中看西夏大佛寺。寺内有全国最大的卧佛（34.5米）。寺后有明须弥千佛塔和清山西会馆。会馆供着关老爷，中国的武圣和财神，牌坊有字：威震华夏。柱上有字：汉朝忠义无双士，自古英雄第一人。然后，经山丹、永昌去武威。在山丹县看山丹县博物馆（艾黎捐赠文物陈列馆）。展品有甲骨、印章、《圆明园图》、《大清万年一统全图》拓片等。买图册二。雨还在下。

　　中午，在山丹县吃午饭。

　　下午，在武威看文庙、西夏博物馆。以前跟罗泰来过，西夏博物馆是新馆，有张仃题的篆字馆名。

　　文庙是明代建筑。东路文昌阁，中路大成殿，西路儒学院。文昌阁有文昌像，大成殿有孔子和孔子弟子像。儒学院空白。

　　西夏博物馆，有元代四体钱币照片，正文为汉字：至元通宝，背文，穿上穿下为八思巴文，穿右为察合台文，穿左为西夏文。敦煌研究院藏六字真言碑，用梵、藏、汉、西夏、八思巴、回鹘六体书写，同云台过街塔。这是最早的"五族共和"。

宿云翔国际酒店，楼下有红胖子雕塑。

罗森一直要我找个时间讲地理。晚8:00在7楼讲地理，大意见下。

[备课]

1. 中国地形，以瑷珲—腾冲切割线分两块，西北高，东南低。中国疆域，汉族和少数民族各占一半，历史也是各占一半。

2. 中国疆域，等于清本部十八省（西人叫China Proper）加拉铁摩尔说的四大边疆（东北、蒙古、新疆、青藏），两者各占一半。本部十八省是以《禹贡》九州和秦帝国的疆域为基础，比较稳定，四大边疆，时有伸缩。中国疆域是西北打东南、东南抗西北的结果，不打不成交，谁都离不开谁。扩张是被动扩张。童恩正说的半月形地带只是一半，中国的沿海是另一个半月形地带。中国西北，背后有更大的西北（欧亚草原、中亚，以及阿富汗、伊朗和印度）。中国东南，背后有更大的东南（太平洋群岛和东南亚）。

3. 游牧生存圈与农业生存圈的关系，好像航船与海岸线、港口的关系。航海都是顺边溜，游牧生存圈的发达地区都是与农业生存圈邻近的地区。蒙古，内蒙为前，外蒙为后；青藏，也是青海为前，西藏为后。新疆，早期遗址在哈密和罗布泊，靠近甘肃。甘肃是三大边疆与汉地的交会点和往来通道。

4. 中国古代的戎狄。戎字常与西字连在一起，可以反映中原诸夏对他们的印象。罗森说，马车和青铜兵器、工具和车马器，是西伯利亚、中亚和西亚的特点。

中国早期以族姓识别不同的族。西北地区有六大姓。

姬姓：有陕西的周人、骊戎，山西的大小戎、河北的白狄（鲜虞、中山）。姬姓主要来自北方（陕北）。

媿姓：有山西的怀姓九宗，怀姓即媿姓。其先鬼方，初居内蒙河套，后来南下，进入陕西、山西，东周以来则集中在晋东南，号称赤狄。媿姓也主要来北方（内蒙）。

姜姓：有申、吕和姜姓之戎，学界公认，与氐、羌有关，藏、羌是氐、羌的后代。申国初在陕西，后分一支迁南阳，留在陕西的叫西申，迁居南阳的叫南申。吕国初在陕西，后来也迁南阳，太公吕尚一支封于齐。姜姓之戎，也叫姜戎，初居瓜州，后迁山西。姜姓主要来自西方（青海）。

允姓（或即妘姓）：有甘肃的允姓之戎。允姓之戎与鬼方系的媿姓各族并非一系。汉代人说，允姓之戎出自塞种（Saka），即斯基泰人（Scythians），可能与高加索人种有关。蒙古人种与高加索人种互为进退，主要在新疆和甘肃西部。允姓之戎，初居瓜州，后被秦晋迁于熊耳山南的河南嵩县，叫陆浑戎。嵩县在熊耳山南，古人以山北为阴，陆浑戎也叫阴戎。允姓与西周猃狁有关。猃狁也叫獯鬻、绲戎。匈奴，即汉代称胡、西人称为Hun者，可能也与这一支有关。允姓也主要来自西方（新疆和甘肃西部）。

姒姓：与上不同，来自东方（山西）。周人与他族联姻，除去姜姓，还有姒姓。如文王的王后是太姒，幽王宠幸褒姒。太姒出自莘，褒姒出自褒。莘在陕西合阳，褒在陕西汉中。

嬴姓：与上不同，来自东方。他们本来是鲁南、苏北、皖北、豫东的土著，属于东夷和南淮夷。其中一支，西迁山西者为赵，西迁甘肃者为骆嬴，秦是从骆嬴分出。

总之，研究周、秦、戎、狄四族之关系，甘肃是重镇。

8月30日，晴。

早起看邮件，李旻寄《石峁与夏墟》文。

上午，看雷台汉墓，只进1号墓，以前跟罗泰来过，没有太大变化。展厅有铜马、木马等物。

出武威，去兰州，一路看山。这一带的山特别漂亮。过去来，它的满脸大褶子给我留下深刻印象，现在重见，赶紧拍照，高速路上，无法停车，只能在车上拍。罗森也拍。她送我一本*Orientations*，登的全是给她庆寿的文章，前面有篇采访，在车上看，很有意思。她说，她是因为小时候跟妈妈逛珠宝店才迷上文物，迷上中国，怪不得她那么喜欢珠宝。

经古浪，入天祝，车过乌鞘岭隧道，一共有四条。穿过乌鞘岭隧道，进入永登，两边仍有山，但逐渐浮现另一种地貌，黄土塬区。

张弛、吴小红带罗森去青海民和看喇家遗址。车入兰州前，甘肃所派车来接。车在左手车道等，他们只能翻越高速隔离带，看上去很危险。

过收费站，陈建立提议去一家生意火爆的店吃午饭，店名阿西娅羊肉。吃羊肉，喝盖碗茶，花不少时间。

饭后，沿黄河南岸，去甘肃省博物馆。北岸高楼林立，跟从前大不一样。一路塞车，4:00始到。与馆长联系，同意闭馆延到6:00。李永平陪我看丝绸之路展厅和彩陶展厅，买书，然后一起去宾馆。入住艺海大酒店。永平给我拷照片。拷完，他说太太出差刚回来，不肯留下吃饭。

晚7:30，跟徐天进、陈建立到对面的岚岛餐饮吃福建饭：白粥、白灼虾。

[备课]

上古帝王的合法性主要靠两个东西，一是天意，二是历史。李旻说，上古传说是一种历史记忆，禹迹是龙山—二里头时期的历史记忆，这种记忆是以北方即高地龙山为中心。其说受邵望平影响。我想，历史记忆，越往上越模糊，夏商的记忆很模糊，要靠考古校正，但不一定毫无史影，中国的两次大一统（西周大一统和秦代大一统）肯定有历史准备。西方汉学家和疑古派把历史分成信史和传说两大类，一刀切下去，前者可信，后者

武威的山

不可信，这种二分法，恐怕有问题。事实上，历史一直被简化，既有美化，也有丑化，虽现代史亦不能免，同样有文学成分，历史和文学一直有关系。

8月31日，晴。

凌晨4:30，有人打电话，一言不发，把我吵醒。早起看邮件，《读书》删掉我的写作日期，还改了一句。

昨夜，张弛一行返回。

全天在甘肃省考古所看文物。

上午，王辉放PPT，介绍甘肃考古新发现。然后，大家讨论。我的发言，大意是：马家塬墓地的出土物，总体印象，主要是戎人的东西，秦人的东西有一点儿，不多，墓中没有楚国或其他地方的东西。比如鼎、敦、壶，这一时期，秦与中原差不多。秦僻处雍州，很长时间里不与中原通聘问。早期秦鼎是模仿西周中期的鼎（垂腹平底，垂鳞纹、波带纹），很保守。战国中期以前，秦鼎多平底鼎，与中原不一样，直到很晚才与三晋、两周趋同，作球腹状。马家塬的铜敦，并非楚国独有，中原也有。铜壶也没什么特殊。这批东西，有件东西值得注意，这就是三号墓出土的铜茧形壶（M3:8）。茧形壶，古人叫椑榼，秦地很流行。它有一个字：鞅，铭文在器底，阳文，显然是铸造，不是后刻，字体与商鞅诸器的"鞅"字如出一辙，显然是秦文字，不是六国文字。这个字是负责监造铜器的官员名还是铸造铜器的工匠名？我看是监造铜器的官员名。如果是工匠名，应为刻铭。商鞅，前356年为左庶长，前352年为大良造，卒于前338年，商鞅变法在前356—前338年之间，墓地测年正在这一时间范围内。墓地出土很多错金银车马器。我怀疑，秦地流行的错金银车马器（如带"陵里"铭文的秦车马器），以及洛阳出土的错金银器物，很可能是受戎人影响。

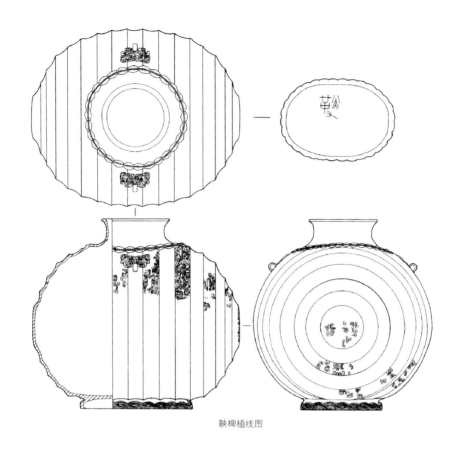

鞍桦樌线图

中午，吃盒饭，重看PPT的某些器物，我发现马家塬的虎纹有四种，一种类似巴泽雷克（作逗号状），一种类似纳林高兔（平行波纹），一种类似西周虎纹（作菱角状），一种类似汉代虎纹（双钩S形纹）。

下午，看库房，先看马家塬的东西，后看新石器的东西。马家塬牌饰20132MM16:42为第一种虎纹，牌饰20132MM16:42为第三种虎纹。

张弛、吴小红回北京，焦南峰回西安。宁夏考古所被和尚占领，罗丰也赶回银川。

[备课]

古书提到的西戎:

1.《禹贡》：昆仑、析支、渠搜（旧居青海，后迁甘肃）。

2.《左传》：姜姓之戎（旧居瓜州，后迁山西）、允姓之戎（旧居瓜州，后迁河南）。

3.《史记》：秦宪公伐灭的西戎：亳戎（在西安）。亳戎都荡杜，秦武公于荡杜设杜县（在西安市雁塔区曲江乡林带路的西段两侧）。（《秦本纪》）

秦武公伐灭的西戎：彭衙（在白水）、邽戎（在清水）、冀戎（在甘谷）、小虢（在宝鸡市陈仓区虢镇）。（《秦本纪》）

秦穆公时臣服于秦的西戎八国："自陇以西"有绵诸（在天水）、绲戎（犬戎，疑在西犬丘，即礼县）、翟戎（在临洮）、㹮戎（在天水）；"岐、梁山、泾、漆之北"有义渠（在庆阳、平凉一带）、大荔（在大荔）、乌氏（在固原）、朐衍（在定边）。（《匈奴列传》）。

印象：西戎诸部以氐羌系为主，背景是甘青地区的新石器文化和青铜文化。从敦煌到天水，从陕甘宁到山西、河南，到处都有他们的活动遗迹，但中心区域是河西走廊以东和青海的河湟地区。这里不包括山戎、骊戎、大小戎。山戎是北方系。骊戎、大小戎是姬姓。

9月1日，晴。

从兰州，经榆中、定西、陇西、武山去甘谷。

中午，到磐安镇考古工作站吃饭，有鱼。见甘肃省考古所的侯红伟，他说在礼县见过我和罗泰。这个院子有文昌庙，原来是小学。

下午，先看库房，有出土秦戈，铭文作"秦公乍（作）子车"云云（"车"字以下八字看不太清），共14字。秦穆公以子车三良为殉，

朱圉山

《诗·秦风·黄鸟》哀之。这一发现,当然很重要。看完库房,看工地。工地有大墓一,很深,墓壁有古人留下的脚窝。当年,我在西高泉挖秦墓,每天就是踩着脚窝上下。墓的旁边有车马坑。小侯说,秦墓和车马坑的分布规律是,墓在西北,车在东南。车马坑是盗墓贼发现,他是先找到车马坑,然后才找到墓。离开工地,与小侯一起去天水,路过朱圉山。此山山体呈红色,多凹坑,很奇特。清华简《系年》说,秦的祖先到甘肃,最初在朱圉山。

到天水。天水博物馆在伏羲庙内,装修气味很大,但展品不错。获展览图录一册。博物馆请饭。

进市里,宿天辰大酒店。曹玮(秦始皇帝陵博物院院长)来电话,约扶风见面。

时间不够,放弃去礼县。

9月2日,晴。

沿305国道,去清水、张家川,翻陇山,去宝鸡。

上午,顺牛头河,去清水县,看清水县博物馆。展品多出白驼镇,有不少车饰,与马家塬相似(甘肃省博物馆也有一件白驼车饰,误标西周)。看完,顺后川河去张家川。小侯留在清水编图录。

中午,到张家川,县城在张川镇。见孙局长(汉族),看博物馆。博物馆对面是个大清真寺。孙局长说,张家川70%是回族,30%是汉族。

下午,看马家塬遗址。遗址在县城西北木河乡桃园村。考古工地在一道长塬下。这里有很多偏洞室大墓,盖了棚子,铺着塑料膜。村在山下,旁边有个学校。民工说,这个村的人多来自陕西凤翔,清代回民起义后,有不少回族从陕西迁来。

离开马家塬,走盘山路,往县城方向走,云影下,到处是绿色的梯田，很美。来时看见一城堡，四四方方，现在又一次看到。山下有重檐建筑，路过门口，才知是宣化岗。博物馆有介绍，这是哲合忍耶派的圣地。过县城，重回305国道，走恭门镇—阎家乡—马鹿乡—长宁村（附近有长宁驿），出张家川，入陇县。陇县段，穿关山牧场，到处是森林、草场，非常美丽，经店子上村、天成镇，傍晚到陇县。这条路就是著名的关陇大道，马鹿到陇县，叫陇马路。天黑到宝鸡，宿天辰大酒店，在附近吃饭。

[备课]

　　天水地区，外加南面的礼县，是西戎各部的活动中心。清水县白驼遗址、张家川县马家塬遗址和秦安县王家洼遗址的发现就是这批戎人的东西。

　　天水、甘谷是秦武公伐邽、冀戎所设的邽、冀二县。天水不仅有邽戎，也是绵诸戎和獂戎聚集的地方。当时的邽县包括清水县。秦代从邽县分出上邽县，上邽故城在清水县城的西北。张家川是西汉陇县。礼县是西垂（西犬丘）所在，大骆之族和秦庄、襄二公的都城，也是绲戎即犬戎聚集的地方。犬戎是住在西犬丘的戎。

　　清水、张家川靠近陇山，是关陇大道所必经。清水有秦亭村，位于清水县城以东，秦亭镇以西。秦亭村有北魏太和二十年残碑（现存百家村秦乐寺）。其东北盘龙村有清道光二十二年重修关山驿路碑。翻过陇山，山的东侧是陇县。陇县店子村有秦的城址和墓地，考古学界的很多学者说，这是襄公徙都汧的证据，陇县是襄公东进建立的新都。

　　其实，秦在秦亭说和襄公徙都汧说都靠不住，属于误用文献。30年前，我写过一篇《〈史记〉中所见秦早期都邑葬地》（《文史》第20辑），已经讨论过这两种说法。

　　司马迁写《史记·秦本纪》，说非子封秦在汧渭之会。他看过很多谱牒材料，有秦人留下的《秦纪》作依据，不能轻易否定。但考古界的很多学者却把非子的封邑定在甘肃清水县。理由是：目前，年代最早的秦遗址是清水李崖遗址，其次是甘谷毛家坪遗址，其次是天水的西山遗址、鸾亭山遗址和大堡子山墓地。他们相信，最早的秦不在陕西，而在甘肃。秦人是从清水，翻越陇坂，沿千河，从陇县经千阳到宝鸡到凤翔，一步步往东挪。所有文献记载的都邑，从西到东，按年代早晚，一个萝卜一个坑，都能找到相应位置。

我不同意这种判断。

第一，问题不在年代，李崖遗址和毛家坪遗址，无论是否可以早到西周中期、西周早期甚至商代，都不能证明非子封在清水。因为秦是周孝王以来才有的概念，时间在西周中晚期之交。早于这一时期，只有骆嬴一族，没有独立的秦嬴，我们不能把大骆之族当作秦。

第二，清水秦亭距李崖遗址还有相当距离，当地没有任何考古证据，足以支持非子受封的秦就在秦亭。清水秦亭说出徐广，广为东晋人。其说晚出，并不能抹杀和代替司马迁的说法。秦在清水说肇于秦在秦亭说，前提本身就有问题。

第三，秦亭以秦为名，这样的地名很多，不能证明秦在秦亭。秦亭以亭为名，从地名不难判断，只不过是古驿站。秦亭镇旧名秦亭铺，秦亭村旧名秦子铺。铺是驿站。秦亭只是关山驿路上的一个歇脚点。

至于襄公徙都汧说，我在《〈史记〉中所见秦早期都邑葬地》中也讲过，此说出唐《括地志》，不仅不见于《史记》，而且《括地志》引用的《帝王世纪》也非原文，其实是误用文献。

现在，为了探索秦文化，考古学家做了大量工作，积累了大量资料。考古材料和文献材料有矛盾，经常不是这两种材料本身有矛盾，而是我们对两者的关系吃不准，对它们的认识有矛盾。这里，关键不在考古可信还是文献可信，而在如何正确理解和运用这两种材料，把两者放在它们应有的位置上。这么多年，考古材料已经推翻了司马迁的说法吗？我看没有。

关山牧场

总之,在没有真正可以推翻司马迁的考古材料之前,我们应该尊重司马迁的说法。

司马迁是个绕不过的大山。

9月3日,晴。

上午,先看宝鸡青铜器博物馆。时间仓促,秦器部分未能细看,其中有孙家南头和斗鸡台所出。然后看石鼓山四号墓的东西。这批铜器,最最吸引人者为一件动物形尊。同出还有一件动物形尊,与之相似,但比它小一点儿,未见。此器有三种颜色,底色灰黑,底纹(阴纹)覆蓝锈,表纹(阳纹)覆绿锈。尊作怪兽形,头上长角,似牛似鹿,两角间有弯曲的双钩,末端尖锐,爪为虎爪,腹有鱼鳍二、虎纹五道、羽纹两道,四足与臀饰饕餮、夔龙、双身蛇，真是什么动物都有。这是中国最早的有翼神兽，年代比张家坡的那件早。

中午，陈建立提议，看董亚威的铸造车间和设备。

下午，去岐山，再次路过那个用岐山做水泥的工厂，叫海螺凤凰山水泥有限公司。到凤雏村，看新发现的车马坑。坑上搭了棚子。车轮有铜箍，车辖、车軎镶绿松石。北大考古系的实习工地正式开工，孙庆伟（北大考古文博学院副院长）、雷兴山（北大考古文博学院教授）带学生实习，王占魁（陕西考古研究院研究员）、刘绪（北大考古文博学院教授）指导车马坑发掘。曹玮有事不能来。焦南峰来，说老卢（卢连成，当年带我在西高泉和沣西发掘的考古学家）联系不上。

晚上，罗森给学生做报告，讲她总结的四条。孙庆伟主持，要我给学生训话。我简单说了几句，谈不上训话。大意是，第一，考古要脚踏实地，重视地理，研究我们脚下的地；第二，我把我为中华书局百年纪念写的话改了一下，送学生。那篇题词是"为学日益，为道日损，古书常读常新"，我把"古书"换成"考古"。我说，考古是基础工作，似乎是个自我满足的体系，我离开谁都行，谁离开我都不行。但我们的知识永远残缺不全、漏洞百出，再多的发现也填不满这些漏洞。我们只能虚实结合，反复调整。见得越多，学得越多，越需要提炼，越需要归纳，用最简单的话讲最简单的道理。开动脑筋，对考古很重要，愿与大家共勉。

宿扶风关中风情园公刘院。Gosden送我一本小书：*Shapes*。

[备课]

上面说，考古界的流行看法，几乎众口一词，都说秦在甘肃清水。我在《〈史记〉中所见秦早期都邑葬地》梳理过这个问题，跟众说不同。现在有不少考古发现，应该重新总结一下。

1. 仿照商周考古，学界有所谓先商、先周，秦也有先秦。这个先秦不是指秦代以前的历史，而是指非子以前的历史，即非子的族源世系。最近，清华楚简《系年》透露，秦人的祖先曾居商奄（曲阜一带），周灭商，成王迁其民于朱圉山（在甘谷），他们才来到甘肃，平王东迁后，秦仲（秦襄公之误）才代周守岐，给周人看祖坟。我们从司马迁的记述看，嬴姓西迁分两支，一支是赵人的祖先（蜚廉子季胜之后），在山西赵城，一支是秦人的祖先（蜚廉子恶来之后），在甘肃礼县。礼县，古名西垂，也叫西犬丘，秦汉叫西县。西垂一支，周孝王时有大骆。大骆有二子，成以嫡子顺继大骆，住在西垂，非子是旁支，封在秦邑。成与非子是一家，他们的遗物，从考古文化讲是一个系统，无法分开，但骆嬴、秦嬴是两支，不能混为一谈。我们即使在甘肃发现早于西周晚期而又与秦有联系的东西，也不能认为就是秦的东西。

2. 秦之称秦，当从非子封秦算起，非子以前居西垂者，只有大骆一族。司马迁讲得很清楚，非子封秦，是周人"分土为附庸"，肯定住在岐周附近，而不是西垂附近。而且这个地点很具体，就是"汧渭之会"。清水也好，陇县也好，都不能叫"汧渭之会"，只有宝鸡才能叫"汧渭之会"。非子为孝王养马，封秦之前，或在汧陇一带（如关山牧场一带），但周人赐邑，还是在汧渭之会。秦与周密迩相处，还有一个证据。司马迁曾四次引用周太史儋的预言，"始周与秦合而别，别五百载复合，合十七岁而霸王者出焉"（《史记·周本纪》等），他说的"始周与秦合"指非子封秦，与周比邻而居，"而别"指秦襄公护送平王东迁洛邑，"别五百载复合"指平王东迁到秦灭周，中间隔了500年。"合十七岁而霸王者出焉"指秦王政灭周后17年，大举攻赵，由此揭开秦灭六国的序幕。我们从这段话看，秦与周本来住在一起，这点没法否认。

3. 申是姜姓，对安抚氐羌系的西戎很重要。申是西申，也叫申戎，既与周通婚，也与秦通婚，西戎多听命于申侯。西周晚期，周宣王宠褒姒，废申后之女所生子，西周就是被申侯率犬戎攻灭。犬戎即薰鬻、绲戎，学者多已指出，即西周金文屡见的狁。戎族之号，多冠居地，如邽、冀、翟、獂诸戎，莫不如此，犬戎盖居西犬丘。西犬丘不仅是犬戎所居，也是大骆所居。大骆妻是申侯女。司马迁说，大骆有二子，成与非子，周孝王更喜欢非子，想立非子继嗣大骆，申侯反对，说"昔我先骊山之女，为戎胥轩妻，生中潏，以亲故归周，保西垂，西垂以其故和睦。今我复与大骆妻，生適（嫡）子成。申骆重婚，西戎皆服，所以为王"，您能把王位坐稳，关键在这里。因此孝王才把非子封在秦，号曰秦嬴，让申侯之女所生子继嗣大骆。基于这一史实，我有一个概括：陇右为骆（骆嬴），陇左为秦（秦嬴）。骆与戎住一块儿，秦与周住一块儿。骆是用来和戎，秦是用来事周。我认为，不别骆、秦是所有误解的根源。

4. 秦世系，非子—秦侯—公伯—秦仲四世是头一段。这一段，秦的都邑、葬地在汧渭之会。非子"赏宅"是秦史的第一件大事。其年代可从后面三代逆推。秦仲在共、宣时（前844—前822），很明确。公伯立三年（前847—前845），秦侯立十年，皆厉王时（前855—前846）。非子跨孝、夷、厉三王（前？—前856），孝、夷在位短，主要活动当厉王时。西戎灭大骆之族在厉王末年，当秦仲三年（前841）。这以后才只有秦嬴，没有骆嬴。西戎灭骆嬴，是西戎灭西周的先兆。

5. 秦公簋有"十又二公"。这十二个公从谁算起？或说庄公，或说襄公，我是从庄公算起。襄公受封诸侯，秦器称为"受国"，当然是秦史上的大事，但庄公称公，《史记》讲得清清楚楚，为什么不算？庄公西略伐戎，在宣王时。从此，秦人才放弃秦邑，以西垂为都，代替骆嬴一支，作西垂大夫。我们要知道，这是平王东迁的前提，也是秦史上的大事。庄公称公，跟武王取天下，仍尊其父为文王一样，古代帝王往往如此。庄公、襄公居葬在西垂，司马迁讲得清清楚楚，没问题。大堡子山有两座秦陵，不管是两个公各居其一，还是同一个公夫妻分葬，都只能是这两个秦公或其中的一个。在这二公之前，在这二公之后，西垂没有秦公的陵墓。

雍州日记 265

6. 犬戎灭西周，司马迁讲得很清楚，平王说"戎无道，侵夺我岐、丰之地"，周在陕西的地盘是整个丢掉。平王封襄公为诸侯，让它收复岐以西之地。襄公伐戎至岐，没能取得最后胜利，就死了。文公继续伐戎，才把戎人赶走，岐以西归秦，岐以东献周。《史记·秦本纪》说："文公元年，居西垂宫。三年，文公以兵东猎。四年，至汧渭之会。曰：'昔周邑我先秦嬴于此，后卒获为诸侯。'乃卜居之，占曰吉。"司马迁讲得很清楚，文公新都和非子故邑，两者在同一区域。这个新邑，现在还没找到，但毫无疑问，应在汧渭之会，即宝鸡一带。此话不能理解为人封在清水，但仪式在宝鸡举行。

7. 文公新邑与非子故都同在宝鸡，有四个地点，可以卡定它的大致范围。第一，五岳之前，只有四岳，秦地的岳山，不是华山，而是吴山，吴山是标志秦地的岳山（当时正叫岳山），在宝鸡西北。第二，文公梦黄龙，建鄜畤于凤翔三畤原上，在宝鸡东面。第三，文公祭陈宝，建陈宝祠于陈仓北阪城，陈仓北阪当即宝鸡贾村塬，城在塬上。第四，文公祭南山丰大特，建怒特祠于宝鸡南山，宝鸡南山也叫陈仓山。

8. 宝鸡以千河分东西，渭河分南北，是秦人的龙兴之地。宝鸡，旧名陈仓。陈仓与陈宝有关。陈宝见《顾命》，列于宝石中，其实是陨石。陨星穿越大气层，呼啸而过，有如鸡鸣，落地者为陨石。古人说陈宝是宝鸡所化，唐以来以宝鸡为县名，还是因袭故事。《封禅书》说，"作鄜畤后九年，文公获若石云，于陈仓北阪城祠之"。陈仓北阪城是获石之所，应即最早的陈仓城。汉陈仓城在宝鸡斗鸡台。斗鸡台一带出土过很多著名的西周铜器。陈仓以仓为名，恐怕与漕运有关。孙家南头遗址，不仅有春秋秦国大墓，也有汉代仓储遗址。汉陈仓城虽不必等于文公新邑，但文公新邑应在今宝鸡市陈仓区一带，还是八九不离十。

9. 《史记·秦本纪》说，文公居西垂宫，葬西山；宪公徙居平阳，葬西山；武公居平阳封宫，葬雍平阳，未及出子。《秦始皇本纪》不同，作文公居西垂宫，葬西垂；宪公居西新邑，葬衙；出子居西陵，葬衙；武公居平阳封宫，葬宣阳聚东南。文公新都既然在宝鸡，陵随邑转，自应以《秦本纪》为是，也在宝鸡。《秦始皇本纪》的"葬西垂"是"葬西山"之误。西山，或本作岐西山，不在西垂，《帝王世纪》、《括地志》谓即"岐州陈仓县西北三十七里秦陵山"。从方向和距离估计，可能在宝鸡市金台区陵原村一带，即大唐秦王陵（李茂贞墓）附近。宪公徙居平阳，也叫西新邑，旧说在阳平镇，现在多认为在阳平镇西边的太公庙。宪公葬地，《秦本纪》作西山，《秦始皇本纪》作衙，似乎是一回事。衙也可能就在西山一带。这个衙在哪里？过去我有一个大胆推测，衙即茹家庄、纸坊头、竹园沟出土铜器铭文上的弓国之弓（古音相同）。这三个地点，茹家庄、竹园沟在渭河南，与姜城堡、益门为一线，都在清姜水东岸。纸坊头在渭河北，正好在陵原南。当然这是假说，但其地点总以不离宝鸡者为是。武公葬宣阳聚东南，宣阳聚是平阳城下面的小聚落。宝鸡出土春秋秦铜器，地点很多，如金陵河以西有福临堡，千河以西有斗鸡台，千河以东有孙家南头、太公庙、大王村、阳平镇（秦家沟），从西到东，大体在一条线上，都在渭河北岸。渭河南岸则有渭滨区的姜城堡，与福临堡隔河相望。我怀疑，秦文公以来的四个秦君，其都邑、葬地是以汧渭之会为中心，大体沿渭河一线分布，在其上下，并逐渐向凤翔原东移。最近，太高庙探出大型车马坑，与从前出土秦公钟镈的祭祀坑很近，尤其值得注意。

10. 我相信，不仅非子故邑、文公新都可能在这一带，宪公、武公的西新邑平阳也应在这一带。我对秦在宝鸡说很有信心。秦史虽可上溯到周孝王，当西周中晚期之交。但秦真正崛起和壮大主要是东周以来。我的印象，出土铜器，真正可以明确断定为秦器者，似乎没有比大堡子山更早。不其簋是不是秦庄公的铜器，恐怕还不能最后敲定。秦式陶器，虽可上接西周，但数量最多还是周室东迁后的东西。陇山东侧，从西周晚到春秋到战国，陇县—宝鸡—凤翔，序列比较完整。陇山西侧，虽有早一点儿的东西，但缺晚期的东西，特别是战国的东西。河西四郡设于西汉，河西走廊几乎看不到秦的东西，就连秦代的东西都没有，发现最多，主要是魏晋以来的东西。秦史，除庄、襄二公，非子到秦仲，还有秦文公以来，中心始终在宝鸡。秦是面向东方，伐戎继周，踩着西周的脚印，一步步向东挺进，都邑、葬地都是紧随其后，雍城是傍岐周，咸阳是傍宗周（沣镐）。伐戎是巩固后方，继周是向前推进，更高的目标是挺进中原。当然，这是后话。

9月4日，晴。

上午，看扶风县周原博物馆，正屋和西屋有展室二，与以前不同。西屋是按文化类型和年代早晚排队的周原陶器。在东屋看周原陶范。

中午，吃泡馍，然后去机场。

下午，从咸阳机场回北京。

晚上，天进的朋友派车接罗森一行回北大，我也坐这辆车，到蓝旗营下。

9月5日，晴。

早8:30送书给罗森和其他两位教授。北大考古文博学院与牛津大学还有活动，不再参加。

2014年9月16日写于北京蓝旗营寓所